中国旅游统计年鉴

THE YEARBOOK OF CHINA TOURISM STATISTICS

1999

中华人民共和国国家旅游局
NATIONAL TOURISM ADMINISTRATION OF
THE PEOPLE'S REPUBLIC OF CHINA

中国旅游统计年鉴编辑委员会名单

LIST OF EDITORIAL BOARD OF THE YEARBOOK OF CHINA TOURISM STATISTICS

1980 — 1998 年来华旅游入境人数和旅游外汇收入

ANNUAL VISITOR ARRIVALS AND TOURISM RECEIPTS, 1980–1998

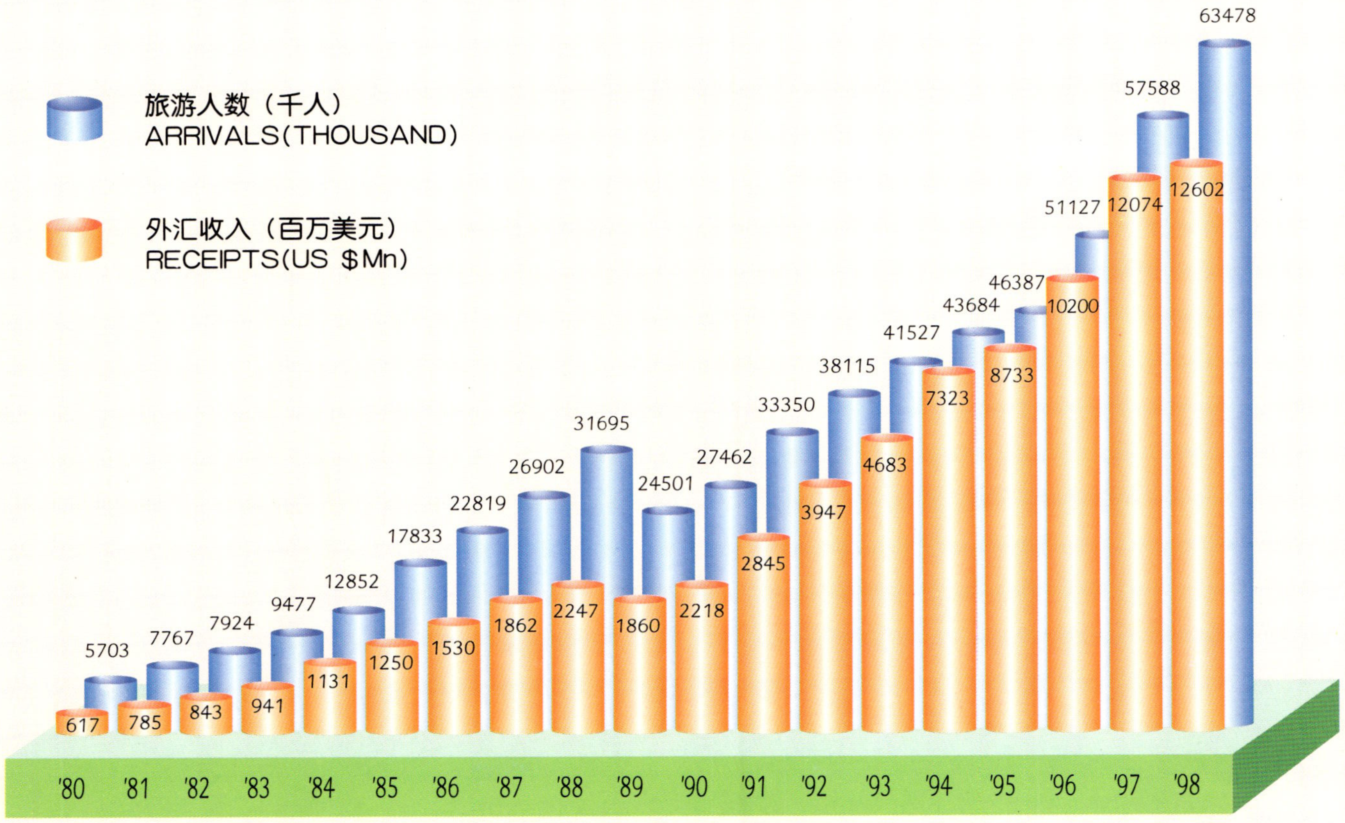

1980—1998年来华旅游入境人数和旅游外汇收入增长速度

ANNUAL INCREASING RATES OF VISITER ARRIVALS AND TOURISM RECEIPTS, 1980-1998

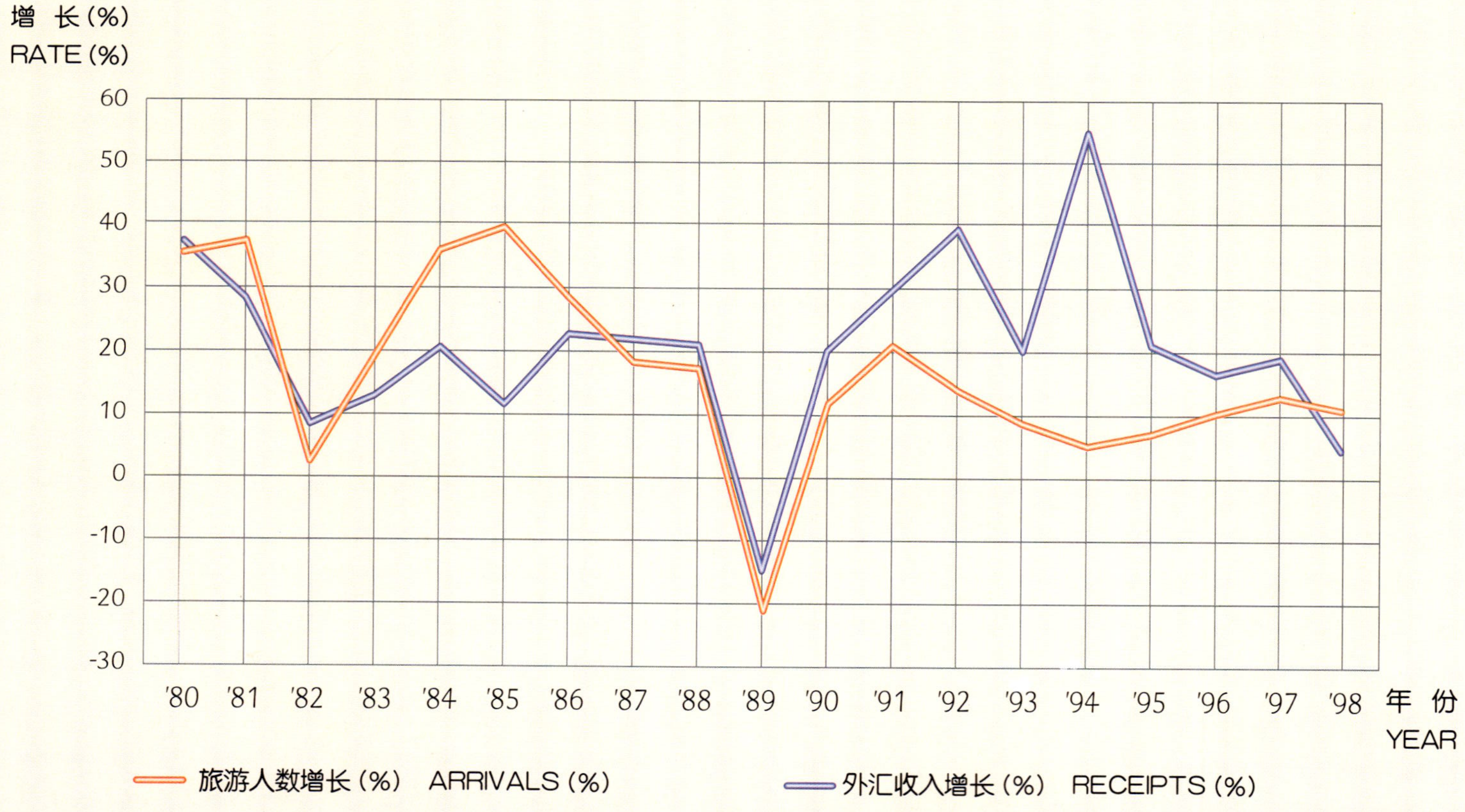

1997 — 1998 年主要国家来华旅游人数

FOREIGN TOURIST ARRIVALS FROM THE MAIN GENERATING COUNTRIES, 1997-1998

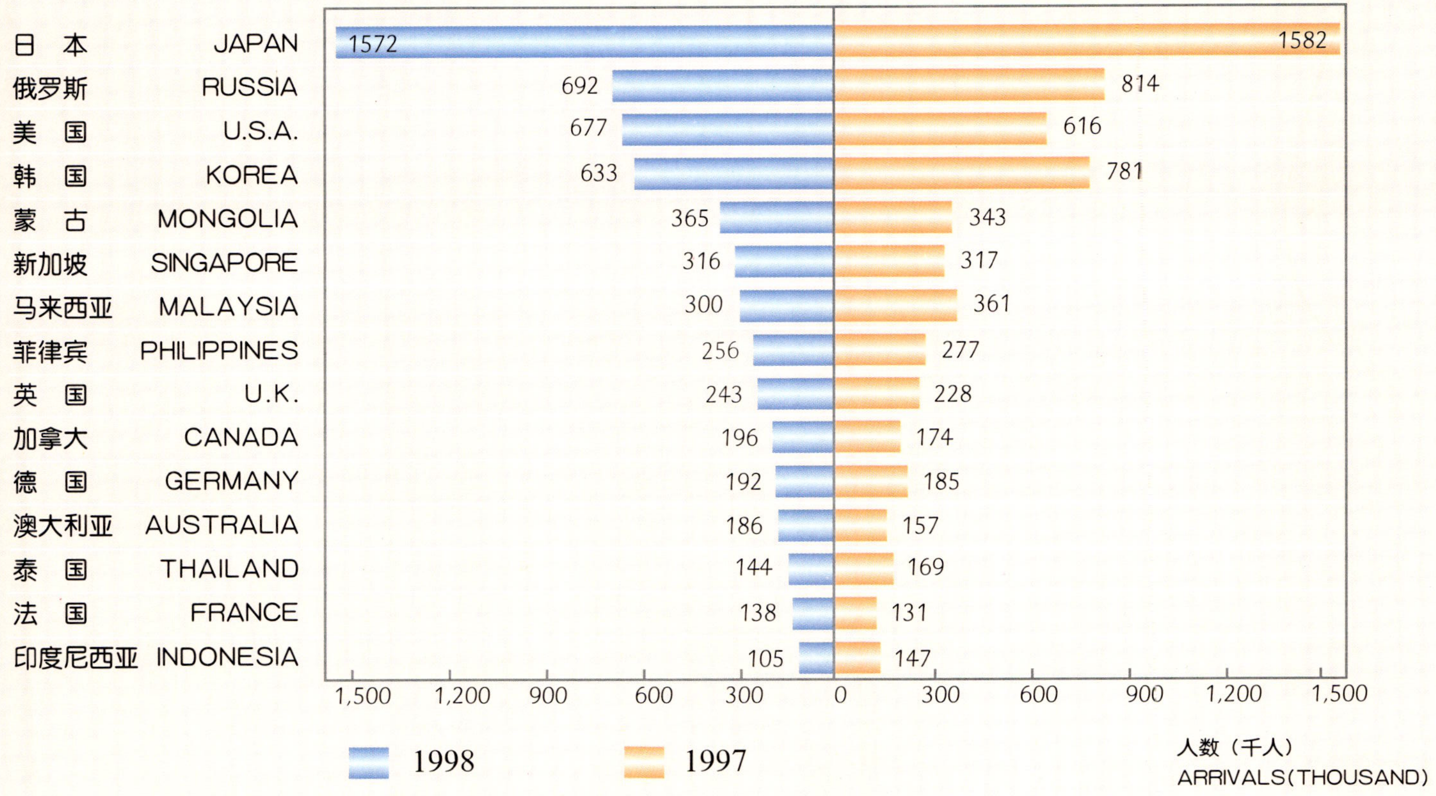

1996 — 1998 年各月来华旅游入境外国人数

MONTHLY FOREIGN TOURIST ARRIVALS, 1996-1998

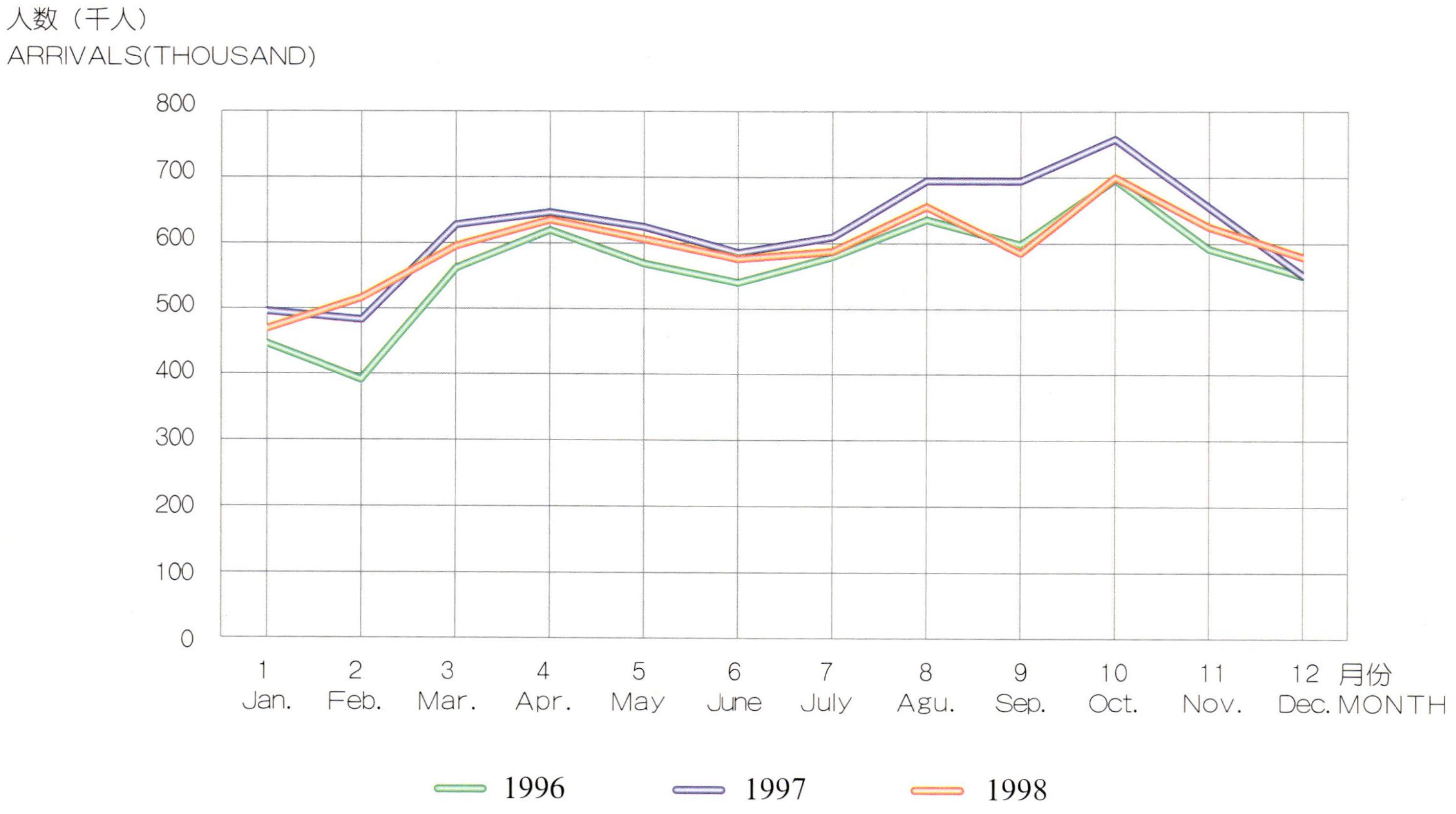

1998 年主要城市接待海外旅游者人数

ARRIVALS TO MAJOR CITIES, 1998

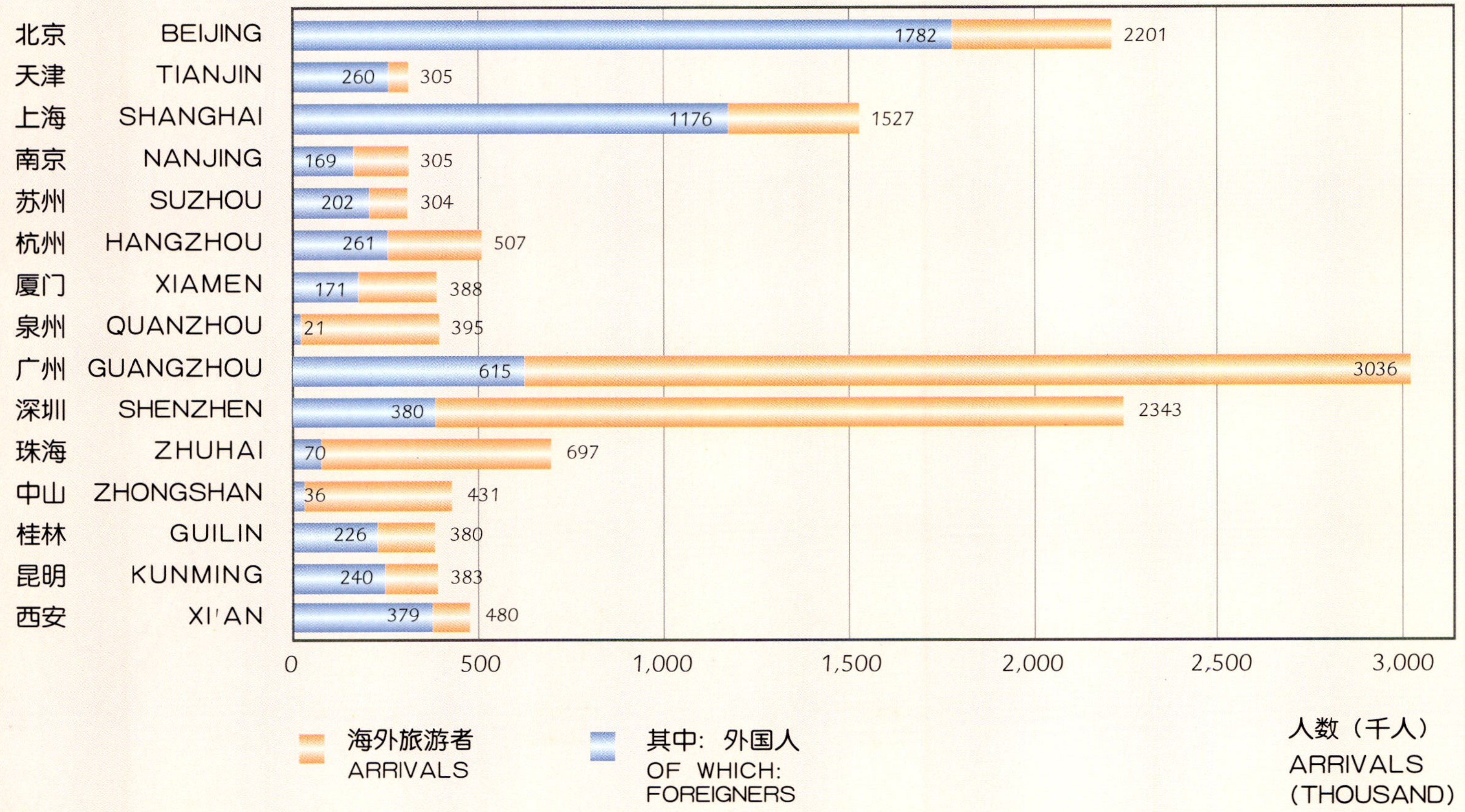

1998年来华旅游外国人数构成（按地区分）

BREAKDOWN OF FOREIGN TOURIST ARRIVALS BY REGION, 1998

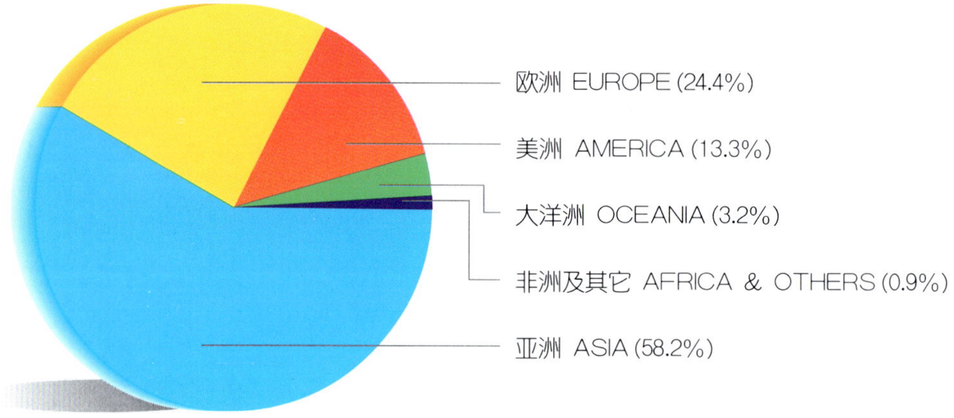

1998年来华旅游外国人数构成（按入境方式分）

BREAKDOWN OF FOREIGN TOURIST ARRIVALS BY MODE OF TRANSPORT, 1998

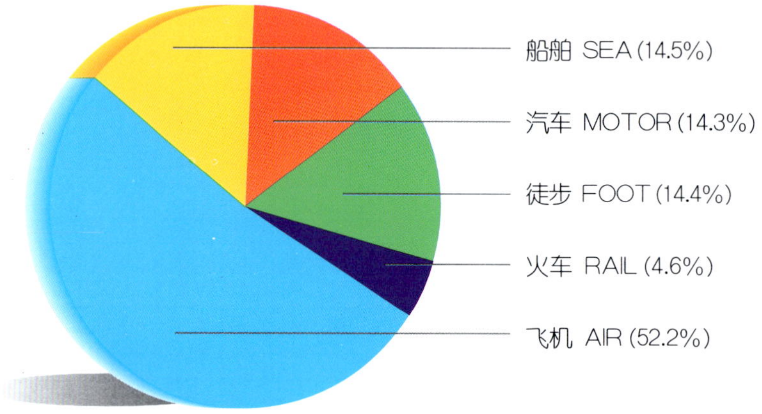

1998年来华旅游外国人数构成（按年龄分）

BREAKDOWN OF FOREIGN TOURIST ARRIVALS BY AGE, 1998

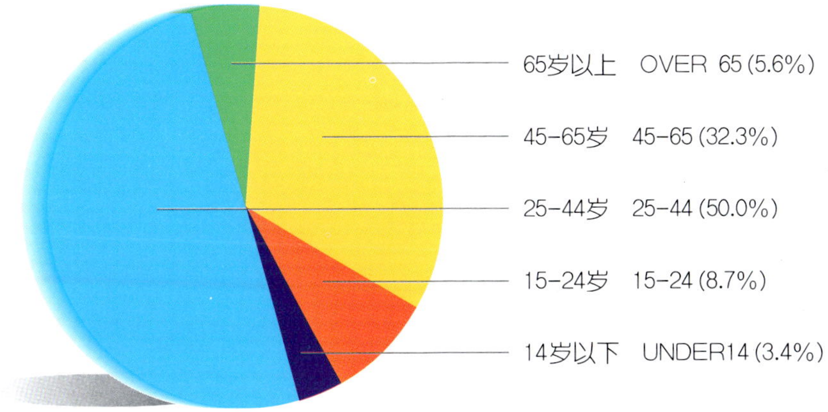

1998年来华旅游外国人数构成（按职业分）

BREAKDOWN OF FOREIGN TOURIST ARRIVALS BY OCCUPATION, 1998

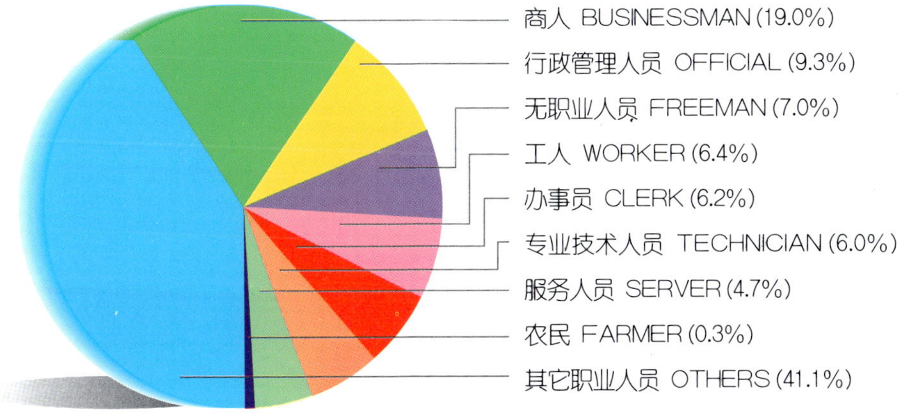

1998年国际旅游外汇收入构成

BREAKDOWN OF INTERNATIONAL TOURISM RECEIPTS, 1998

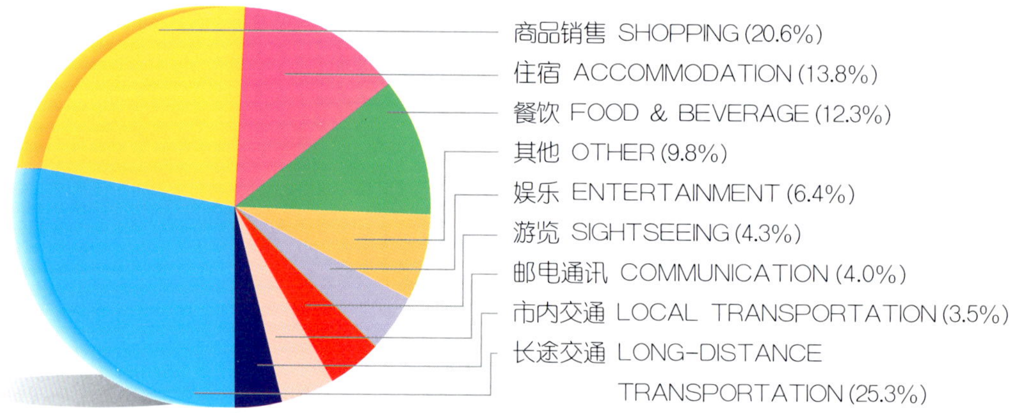

1998年国际旅游外汇收入（按来源分）

INTERNATIONAL TOURISM RECEIPTS, 1998

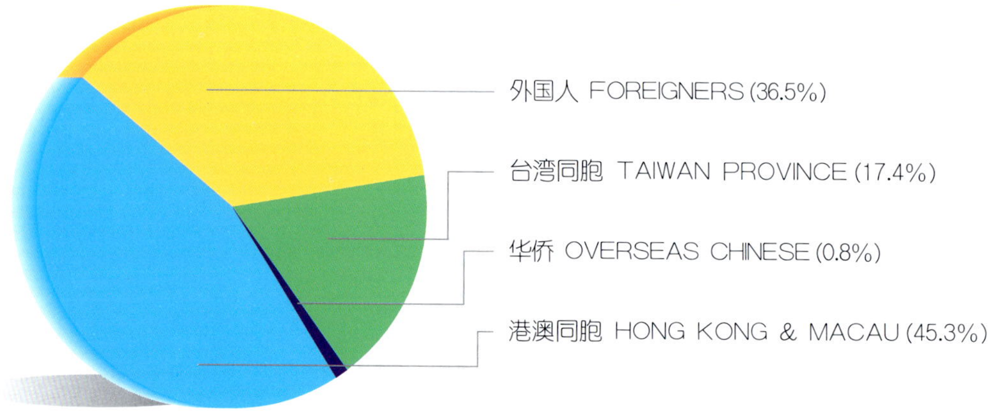

1986 — 1998 年旅游涉外饭店数及客房数

NUMBER OF HOTELS & ROOMS, 1986-1998

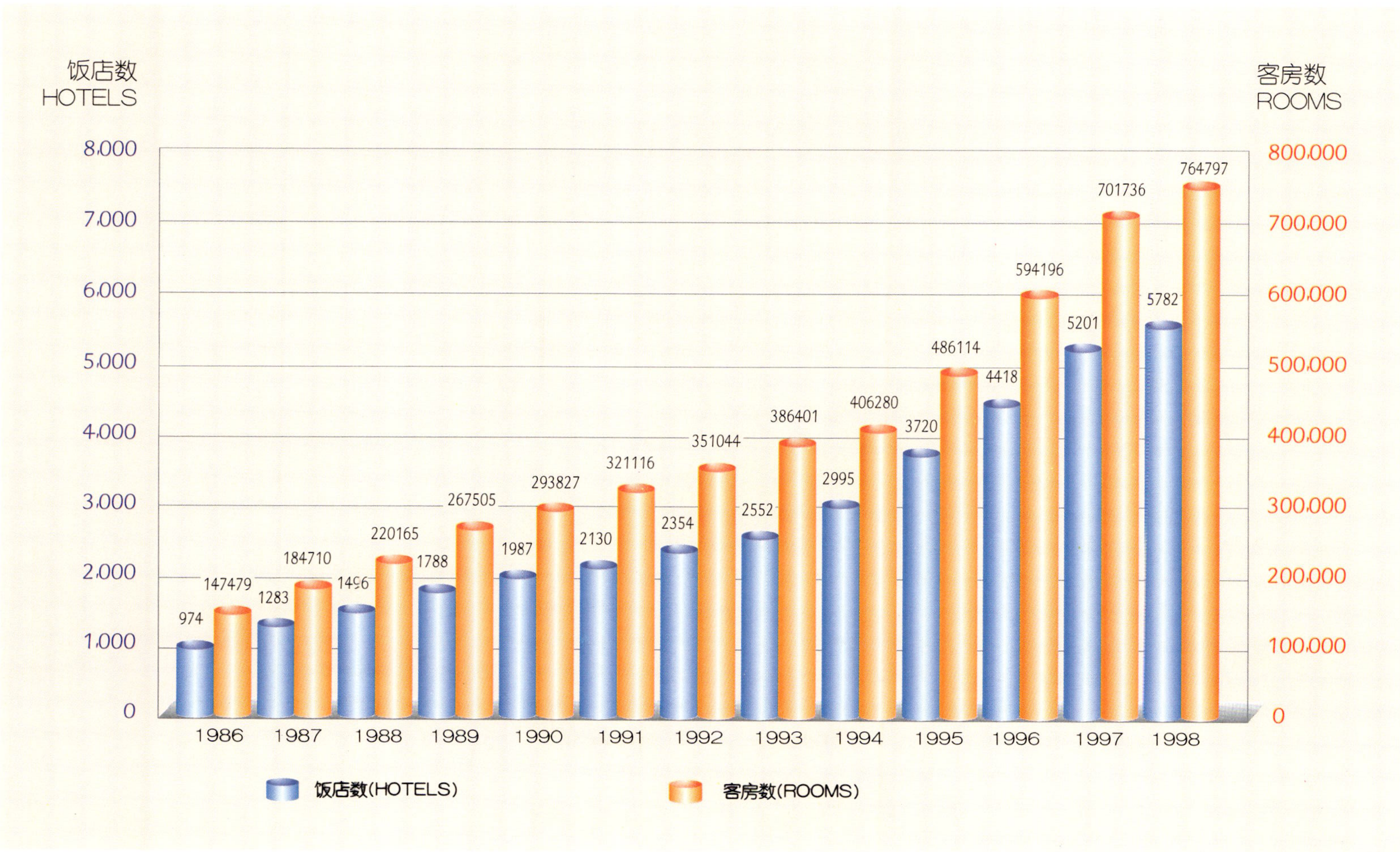

1998 年星级饭店数及客房数

NUMBER OF STAR-RATED HOTELS & ROOMS, 1998

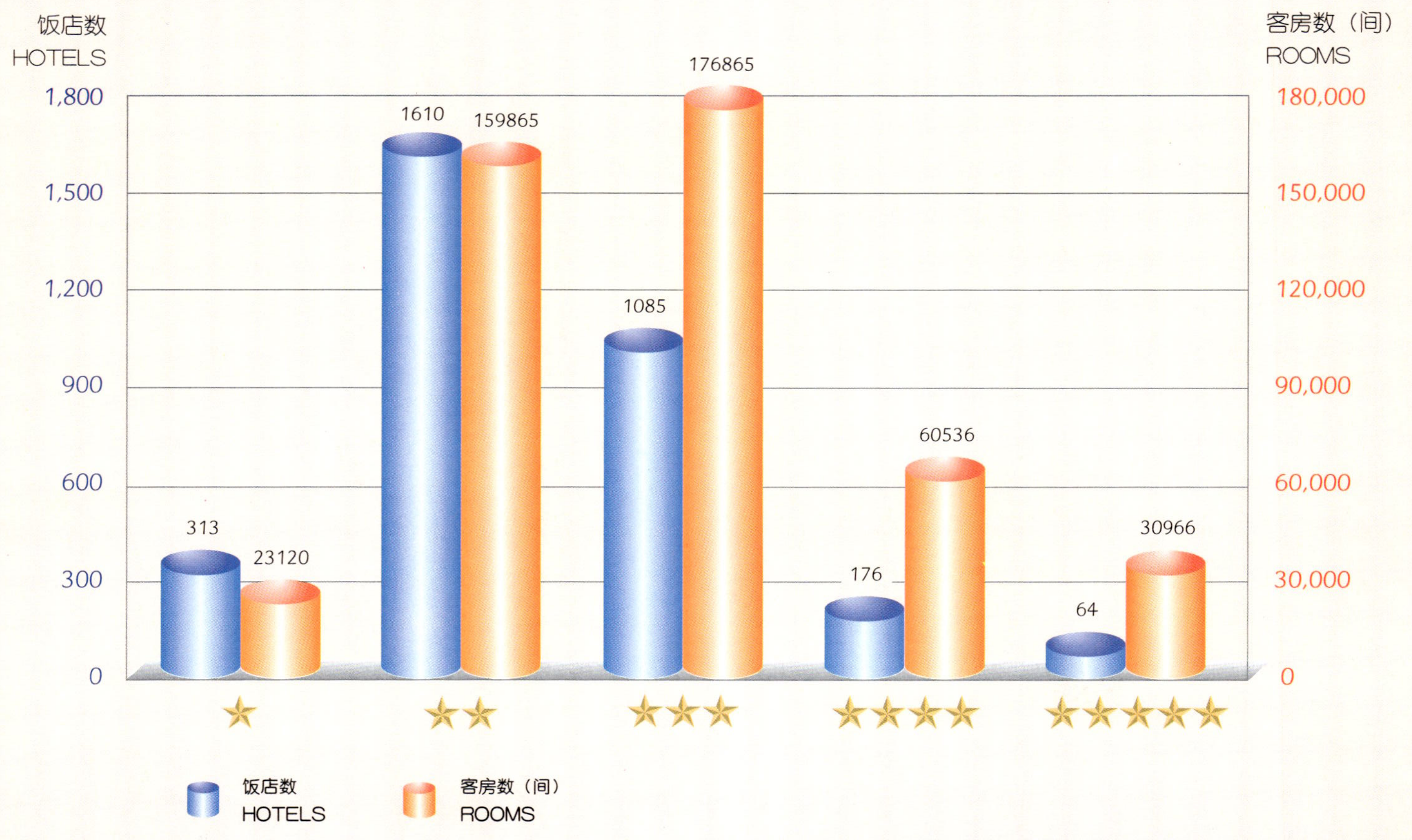

编 者 说 明

《中国旅游统计年鉴—1999》是一本全面反映1998年中华人民共和国旅游业发展情况的资料性年刊。全书为中英文对照版本，内容分为：1998年中国旅游业统计公报和来华旅游入境人数、来华旅游者主要特征、国际旅游外汇收入、旅行社外联情况、地方接待情况、旅游涉外饭店基本情况、国内旅游基本情况、旅游企事业基本情况等共八个部分的统计资料。

本年鉴所附的《主要旅游统计指标解释》，是对主要旅游统计指标的含义、统计范围和统计方法所作的简要说明。

本年鉴资料来源于全国各地旅游部门、统计部门和公安边检等部门。全国统计数据均未包括我国台湾省、香港特别行政区和澳门地区的数字。本年鉴的统计数字是按国家统计局、国家旅游局联合制定的旅游统计报表制度规定的口径进行统计和汇总的，个别特殊的地方做了注释和说明。在编辑过程中，我们对1998年各月数字进行了核实、调整，读者在使用时如发现已经公布的统计数字与本年鉴数字不符，则以本年鉴数字为准。

本年鉴是了解中国旅游业1998年发展情况的权威性资料，可供旅游部门、国民经济各有关部门、教学科研单位以及旅游经济的科研人员、大专院校师生使用。海外旅游业同行、有关行业人士以及来华旅游的外国人、华侨、港澳台同胞亦可从中得到有关统计信息。

本年鉴中凡带有续表的资料，如有注解均加在第一张表下面，请读者使用时注意。表中有“#”号者表示为该栏的主要项或其中项；有“*”号者表示本表下有注解；空格处表示该项数据不详或以前年份无该项数据。统计表下注有资料来源单位，未注明的均为国家旅游局提供。

中国旅游统计年鉴编委会
一九九九年六月

INTRODUCTION

The Yearbook of China Tourism Statistics for 1999 is a yearly review with information on the overall development of the tourism industry in the People's Republic of China in 1998. Written in English and Chinese, the information in this Yearbook covers eight aspects: Statistics Report on China's Tourism Industry in 1998 and tourist arrivals to China, major profile of international tourists to China, international tourism receipts, business of travel agencies, business of different regions, business of hotels, domestic tourism, travel enterprises and non-business institutions.

At the end of the Yearbook is attached a Notes to the Index of Major Statistic Terms which gives a brief explanation of the meaning of main toruism statistics, scope and method of data-collecting.

The data of the Yearbook come from the tourism departments, statistical departments, and public security frontier departments throughout the country. The statistics of Taiwan Province, Hong Kong Special Administrative Region and Macau are not included. All the data are processed and compiled in line with the requirements set forth in the tourism statistics reporting system jointly formulated by the State Statistics Bureau and the National Tourism Administration, and explanatory notes are provided in some special cases. Re-check and re-adjustments have been made to the figures of each month in 1998, and if some inconsistency is found between the published figures and the figures in this Yearbook, the latter should be taken as authentic.

This Yearbook provides authoritative data on the development of China's tourism industry in 1998, which is useful to tourism departments, relevant departments of the national economy, education and research institutes, and students and teachers. The overseas travel trade, relevant people of the industry and foreign tourists to China, overseas Chinese, compatriots from Hong Kong, Macau and Taiwan can also benefit from this Yearbook.

In the Yearbook, wherever a table is continued on the next page, footnotes are given on the first page. The mark "#" denotes headline entry, while the mark "*" leads to footnotes. A blank cell means relevant data unclear or the relevant figure for previous years not available. Sources of the data are acknowledged beneath the table. All the unacknowledged data are provided by the National Tourism Administration.

June, 1999
Editing Committee of
the Yearbook of China Tourism Statistics

目　　录

CONTENTS

1998年中国旅游业统计公报

国　家　旅　游　局

1999年5月31日

1998年,我国旅游业经历了90年代以来最为严峻的考验:一是受亚洲金融危机的影响,周边国家出游率整体下降,来华游客锐减;二是发生在暑期旅游旺季的历史罕见的特大洪涝灾害,涉及华中、华东、东北几大旅游区域,对全国国际国内旅游业的发展都带来了较大影响。

面对严峻形势,全国旅游行业职工迎难而上,奋力开拓,国际国内旅游业仍然取得了较好成绩。国际旅游稳中有升,全年共接待入境海外旅游者6347.84万人次,实现创汇126.02亿美元,分别比上年增长10.2%和4.4%;国内旅游持续增长,人数达6.94亿人次,收入达2391亿元人民币,分别比上年增长7.8%和13.2%;产业规模和经济总量继续扩大,旅游业总收入3438.60亿元人民币,比上年增长10.5%,继续高于国民经济总体增长速度。

(一)国际旅游业实绩

1998年,中国国际旅游业主要经济指标呈稳中有升特点。

——来华旅游入境人数达6347.84万人次,比上年增长10.2%,其中:外国人710.77万人次,比上年下降4.3%;华侨12.07万人次,比上年增长21.9%;港澳同胞5407.54万人次,比上年增长12.8%;台湾同胞217.46万人次,比上年增长2.7%。

——来华过夜旅游者人数继续保持世界第6位,达2507.30万人次,比上年增长5.5%。

——全国国际旅游外汇收入达126.02亿美元,比上年增长4.4%,由上年位居世界第8位上升至第7位,相当于当年中国外贸出口创汇的6.9%。

(二)国内旅游业实绩

1998年,虽然发生了特大洪涝灾害,国内旅游业仍然保持了持续发展的势头,表现出以下几个特点:一是国内旅游需求旺盛,旅游形式更加多样,特别是城市周边和近距离的一日游发展更快;二是国内旅游收入的增长大大高于旅游人数的增长,开始了由简单的数量型增长向效益型增长的过渡;三是旅行社组织的团体旅游增长，占出游人数的比重增大。

——全国国内旅游人数达6.94亿人次，比上年增长7.8%。其中：城镇居民2.50亿人次，农民4.44亿人次。

——全国国内旅游收入2391.18亿元人民币，比上年增长13.2%。其中：城镇居民旅游消费1515.13亿元，农民旅游消费876.05亿元。

——全国国内旅游出游人均花费344.50元，比上年增长5.0%。其中：城镇居民国内旅游出游人均花费607.00元，农村农民国内旅游出游人均花费197.10元。

——经旅行社承办接待的国内城镇游客人数为2125万人次（包括一日游游客），占城镇国内旅游总人数的8.5%，比上年增加2.6个百分点。

——国内旅游收入占全国旅游总收入的比重进一步提高，达69.5%，比上年提高1.8个百分点。

（三）旅游企业经营实绩

1998年，据对全国16266家旅游企业统计汇总：

——营业收入合计为1441.39亿元，比上年增长10.2%；

——上缴营业税合计为64.99亿元，比上年增长26.3%；

——利润亏损合计为18.96亿元，平均利润率为-1.32%，比上年下降3.72个百分点；

——实现利税总额合计为46.03亿元，比上年下降43.1%。

（四）旅游业产业规模及从业人数

——到1998年末，全国旅游业共有各类旅游企事业单位17397个（其中企业单位16266个），比上年末增长34.9%；旅游业直接从业人数183.00万人，比上年末增长34.6%；间接从业人数约900万人。

——到1998年末，全国旅游行业共拥有固定资产原值2574.20亿元，比上年末增长19.8%；拥有固定资产净值1834.93亿元，比上年末增长20.1%。

——到1998年末，全国旅游行业共拥有旅游涉外饭店5782家，客房76.48万间，分别比上年末增长11.2%和9.0%；旅行社6222家，比上年末增长24.8%。

（五）入境客源市场情况

我国入境客源旅游市场主要分为外国市场和港澳台市场两大部分。

1、外国市场：

——1998年，受亚洲金融危机的影响，来华旅游外国人总数出现了近十年来的第一次负增长。全年共接待外国游客710.77万人次，比上年下降4.3%。

——1998年，主要客源国市场表现为：洲内市场下滑较大，洲际市场仍呈平稳增长。

在位于前十五位的主要客源国中，有洲内市场8个，入境人数占整个入境外国人总量的51.9%，市场份额比上年下降0.9个百分点。在这8个市场中，除蒙古外，有7个比上年呈现下降，其中印度尼西亚、韩国、马来西亚、泰国、菲律宾降幅较大，日本和新加坡也呈微弱下降。相比之下，洲际市场仍呈平稳增长。7个主要客源国中除俄罗斯外，其余各国（包括澳大利亚、加拿大、美国、英国、法国、德国）均呈增势。

——1998年，来华旅游外国人在华的平均停留天数为6.7天，人均天花费为141.63美元/人天，分别比上年减少0.5天和1.66美元/人天，影响了我国国际旅游外汇收入的增长。

各主要客源国1998年的旅华人数和增减情况如下：

序号	国家	来华旅游入境人数（万人次）	比上年增减（%）
1	日本	157.21	-0.6
2	俄罗斯	69.20	-15.0
3	美国	67.73	9.9
4	韩国	63.28	-19.0
5	蒙古	36.48	6.4
6	新加坡	31.64	-0.1
7	马来西亚	30.01	-16.9
8	菲律宾	25.65	-7.3
9	英国	24.29	6.6
10	加拿大	19.60	12.6
11	德国	19.19	3.9
12	澳大利亚	18.64	18.9
13	泰国	14.43	-14.3
14	法国	13.80	5.1
15	印度尼西亚	10.46	-29.0
16	哈萨克斯坦	9.60	1.1
17	意大利	7.25	11.4
18	印度	6.57	8.6
19	朝鲜	6.12	-14.2

20	荷　　兰	5.89	12.8
21	瑞　　典	4.06	5.3
22	葡萄牙	3.85	7.5
23	越　　南	3.85	23.5
24	缅　　甸	3.33	5.3
25	新西兰	3.00	6.0

2、港澳台市场:

港澳台市场是我入境旅游市场的主体。1998年,入境总人数仍保持了两位数的增长。

——1998年,港澳地区入境人数达5407.54万人次,比上年增长12.8%,为当年我国入境人数完成10.2%的总体增长奠定了基础。

——台湾地区市场在经历了10年来的快速增长后已开始趋于稳定增长。1998年,这一市场稳中有升,入境人数达217.46万人次,比上年增长2.7%。

(六)分地区国际旅游接待与收汇情况

——1998年,全国各省、自治区、直辖市接待的海外旅游者累计为2191.09万人次,比上年增长0.29%。接待量超过30万人次的有广东、北京、上海、福建、江苏、浙江、云南、山东、陕西、广西、辽宁、海南、黑龙江、内蒙古、湖南、河北、天津等17个省(区、市)。广东接待海外旅游者788.65万人次,居全国第一位。

——1998年,全国各省、自治区、直辖市接待的外国旅游者累计为1043.87万人次,比上年减少4.3%。接待量超过20万人次的有北京、广东、上海、江苏、云南、浙江、陕西、山东、内蒙古、黑龙江、福建、辽宁、广西、河北、天津、湖北等16个省(区、市)。北京接待外国旅游者178.18万人次,居全国第一位。

——1998年,国际旅游外汇收入超过1亿美元的省、自治区、直辖市有17个。广东省的旅游外汇收入达29.42亿美元,居全国第一位。按外汇收入多少排列,具体情况是:

序　号	地　区	国际旅游外汇收入(万美元)	接待海外旅游者人数(万人次)
1	广　东	294 192	788.65
2	北　京	238 400	220.09
3	上　海	121 791	152.71
4	福　建	65 109	121.78

5	江　苏	52 880	115.40
6	浙　江	36 122	81.96
7	辽　宁	26 244	41.07
8	云　南	26 103	76.33
9	陕　西	24 717	54.05
10	山　东	21 950	60.82
11	天　津	20 176	30.49
12	湖　南	15 613	34.86
13	广　西	15 569	52.32
14	内蒙古	12 550	36.90
15	黑龙江	12 093	38.33
16	河　南	10 141	27.43
17	河　北	10 005	32.69

(七)主要城市国际旅游接待与收汇情况

——1998年,接待海外旅游者人数超过20万人次的城市有广州、深圳、北京、上海、珠海、杭州、西安、中山、厦门、昆明、桂林、南京、天津、苏州、大连等15个;另有青岛、长沙、无锡、汕头、成都、沈阳、重庆、海口、武汉、三亚、哈尔滨、郑州、黄山、烟台、秦皇岛、宁波等16个城市的接待人数超过10万人次。这些主要旅游城市,共接待海外旅游者1594.00万人次,占全国接待海外旅游者总人次数的72.7%。

——1998年,接待外国旅游者人数超过10万人次的城市有北京、上海、广州、深圳、西安、杭州、天津、昆明、桂林、苏州、厦门、南京、大连、青岛、沈阳、无锡、重庆、武汉等18个。

——1998年,国际旅游外汇收入超过1亿美元的城市有北京、上海、广州、深圳、珠海、厦门、杭州、天津、西安、大连、南京、苏州、桂林、青岛、昆明等15个;另有重庆、沈阳、无锡、中山、成都、武汉等6个城市的国际旅游外汇收入超过5000万美元。北京市的旅游外汇收入达23.84亿美元,居全国城市第一位。按外汇收入多少排列,具体情况是:

序　号	城　市	国际旅游外汇收入(万美元)	接待海外旅游者人数(万人次)
1	北京	238 400	220.09
2	上海	121 791	152.71

3	广州	106 320	303.59
4	深圳	98 530	234.25
5	珠海	33 234	69.70
6	厦门	23 610	38.75
7	杭州	21 002	50.72
8	天津	20 176	30.49
9	西安	19 106	47.98
10	大连	15 391	20.60
11	南京	14 446	30.52
12	苏州	13 488	30.43
13	桂林	11 102	38.03
14	青岛	10 230	19.96
15	昆明	10 032	38.35

(八)旅游涉外饭店的规模和经营情况

1998年,我国旅游涉外饭店面对诸多不利因素造成的影响,克服重重困难,在饭店客房出租率和盈利水平有所下降、经济效益普遍下滑的同时,仍上缴营业税39.51亿元,为国家作出了应有的贡献。

——到1998年末,全国共有旅游涉外饭店5782家,比上年末增加581家;共拥有客房76.48万间,比上年末增加6.31万间;床位152.42万张,比上年末增加11.25万张。

——到1998年末,全国旅游涉外饭店共拥有固定资产原值2105.28亿元,比上年末增长13.8%,占旅游行业固定资产原值的81.8%。

——1998年,全国旅游涉外饭店平均客房出租率为51.7%,比上年下降2.1个百分点;其中:全国3248家星级饭店全年平均客房出租率为52.3 %,比上年减少3.9个百分点;全国3639家国有饭店全年平均客房出租率为50.5%,比上年减少2.0个百分点;全国694家外商和港澳台商投资饭店全年平均客房出租率为54.9%,比上年减少3.9个百分点。

——1998年,全国旅游涉外饭店营业收入总额为796.83亿元,比上年下降1.9%;上缴营业税39.51亿元,比上年下降2.9%;盈亏相抵后利润亏损46.56亿元(其中盈利企业1933家,创利55.60亿元);全员劳动生产率7.25万元/人,比上年下降7.4%。

——全国3639家国有经济饭店,1998年共实现营业收入363.87亿元,比上年下降1.4%；上缴营业税17.63亿元，比上年下降2.3%；盈亏相抵后利润亏损为21.24亿元，全员劳动生产率5.88万元/人，比上年下降0.33%。

——全国外商和港澳台客商投资兴建的694家饭店，1998年共实现营业收入273.40亿元，比上年下降22.2%；上缴营业税13.42亿元，比上年下降24.4%；盈亏相抵后利润亏损15.86亿元，全员劳动生产率10.80万元/人，比上年下降14.2%。

——到1998年末，已评定星级的旅游涉外饭店3248家，比上年增加524家。其中：五星级饭店64家，增加7家；4星级饭店176家，增加19家；三星级饭店1085家，增加190家；二星级饭店1610家，增加271家；一星级饭店313家，增加37家。全国星级饭店共实现营业收入532.29亿元，比上年下降5.3%，占全国旅游涉外饭店营业收入总额的66.8%；上缴营业税26.14亿元，比上年下降4.3%；盈亏相抵后利润亏损34.73亿元。

——1998年营业收入超亿元的旅游涉外饭店共有81家，比上年减少16家。其中，营业收入在1－2亿元之间的有57家，比上年减少9家；2－3亿元之间的有14家，比上年增加1家；3亿元以上的有10家，比上年减少8家。营业收入最高的是北京丽都假日饭店，达5.89亿元。

——1998年，拥有客房500间以上的95家大型饭店，取得了较好的经济效益，共创利16.67亿元，利润率达8.8%，上缴税金9.54亿元，全员劳动生产率达19.02万元/人。

——1998年全国旅游涉外饭店规模及其经营情况，具体如下：

	饭店数（座）	客房数（万间）	床位数（万张）	营业收入（亿元）	利润总额（亿元）	客房出租率（%）
全国合计	5 782	76.48	152.42	796.83	－46.56	51.67
按经济类型划分						
国有经济	3 639	45.63	93.04	363.87	－21.24	50.46
集体经济	859	7.45	15.15	56.31	－6.12	48.41
私营经济	153	0.87	1.76	8.53	－0.72	53.90
联营经济	155	5.75	12.22	60.19	1.15	57.62
股份制经济	282	3.45	6.62	34.54	－3.77	53.45
外商投资经济	458	8.73	15.44	185.27	－13.29	54.30
港澳台商投资经济	236	4.59	8.19	88.12	－2.57	55.93
按规模划分						
客房数在						
500间以上	95	13.66	27.30	189.83	16.67	59.50
300－499间	290	10.66	19.61	143.24	－15.87	53.96
200－299间	498	11.97	23.08	132.05	－14.54	52.61
100－199间	1 742	24.17	48.94	180.79	－20.86	49.42
99间以下	3 157	16.03	33.49	150.91	－11.96	47.92

按饭店星级划分						
五星级	64	3.10	5.18	104.55	3.18	57.94
四星级	176	6.05	10.78	120.86	-9.78	56.35
三星级	1 085	17.64	34.10	202.78	-18.59	52.62
二星级	1 610	15.99	33.00	94.89	-8.81	49.87
一星级	313	2.31	5.11	9.22	-0.74	47.55
未评星级	2 534	31.39	64.25	264.54	-11.82	50.64

(九)旅行社的规模和经营情况

1998年我国旅行社总量和规模扩大,接待人数和盈利水平有所下降。

——到1998年末,全国共有旅行社6222家,比上年末增加1236家。其中:国际旅行社1312家,比上年末增加321家;国内旅行社4910家,比上年末增加915家。

——到1998年末,全国旅行社共拥有固定资产原值77.21亿元,比上年末增长26.7%。

——1998年,各类旅行社共实现营业收入250.59亿元,比上年增长6.7%;上缴营业税及附加2.43亿元,增长13.6%;实现利润总额3.34亿元,比上年下降34.9%。

——1998年,全国国际旅行社共招徕过夜海外旅游者290.01万人、1124.38万人天,人数和人天数分别比上年下降4.5%和5.3%。

——1998年,经过旅行社接待的海外过夜旅游者为483.86万人次,1152.20万人天,人数和人天数分别比上年下降25.6%和18.2%。1998年,经过旅行社接待的海外一日游游客为280.88万人次,比上年下降8.3%。

(十)出境人数

1998年,国家扩大了内地居民赴香港、澳门旅游的渠道,批准开放澳大利亚、新西兰、韩国、日本为中国公民自费出国旅游新的目的地国家,使我国公民出境旅游的目的地进一步扩大。

——1998年,中国公民出境人数为842.56万人次,比上年增长3.1%。其中:因公出境523.53万人次,比上年下降8.7%;因私出境319.02万人次,比上年增长30.8%。我国公民因公因私前往的目的地主要有香港、澳门地区和泰国、日本、俄罗斯、美国、韩国、新加坡、朝鲜、澳大利亚等国家。

——1998年,经旅行社组织出境旅游的人数为181.09万人次,比上年增长26.6%,占出境总人数的21.5%。经旅行社组织出境旅游的目的地主要有香港、澳门地区和泰国、缅甸、越南、新加坡、马来西亚等周边国家。

(十一)旅游教育

到1998年末,全国共有高等旅游院校及开设旅游系(专业)的普通高等院校187所,比上年减少5所,在校学生32737人,比上年增加4171人;中等职业学校722所,比上年减少22所,在校学生201060,比上年增加8122人。以上合计,总数为909所,在校学生为233797人。

Statistics Report for China's Tourism Industry in 1998

China National Tourism Administration

31 May, 1999

In 1998, China's tourism industry stood the severest tests since the 1990s. First, under the influence of the Asian financial crisis, tourist arrivals to China reduced sharply due to the overall decrease of outbound travel of neighboring countries. Second, the unprecedented flooding, which affected main tourist areas such as Central China, East China and Northeast China last summer, had a negative effect on the development of international tourism and domestic tourism.

Faced with the disadvantaged situation, all the staff in China's tourism industry have done their utmost to overcome difficulties and spared no efforts in developing tourism. As a result, China's international tourism and domestic tourism made great strides last year. The international tourism continued steady growth, receiving 63.4784 million inbound visitors and achieving tourism receipts in foreign exchange of U.S. $ 12.6 billion, an increase of 10.2 per cent and 4.4 per cent over the previous year respectively. The domestic tourism grew at a high speed, with 694 million tourists and the annual revenue of 239.1 billion yuan, up 7.8 per cent and 13.2 per cent over the year before respectively. The industrial scale and economic returns are continuously expanding, with total international and domestic tourism revenue reaching 343.86 billion yuan and with an growth rate of 10.5 per cent over the previous year, higher than the overall growth rate of national economy.

1. International Tourism Achievements

In 1998, the key economic indicators of China's international tourism showed a sound trend of growth.

——The total number of international visitor arrivals to China was 63.4784 million, a 10.2 per cent increase over the previous year, including 7.1077 million foreigners, a 4.3 per cent decrease; 120 700 overseas Chinese, a 21.9 per cent increase; 54.0754 million compatriots from Hong Kong SAR and Macao, a 12.8 per cent increase; 2.1746 million compatriots from Taiwan province, a 2.7 per cent increase respectively over the previous year.

——The total number of overnight visitors to China still ranked number six in the world table, totaling 25.073 million, an increase of 5.5 per cent over the previous year.

——The total receipts of China's international tourism in foreign exchange amounted to U.S. $ 12.6 billion, up 4.4 per cent over the previous year, which rose to number seven from number eight in the world table, an equivalent of 6.9 per cent of the total foreign exchange receipts for China's foreign trade and export over the same year.

2. Domestic Tourism Achievements

Despite the catastrophic flooding in 1998, China's domestic tourism still maintained steady growth which were characterized as follows: a strong demand for domestic tourism and varied tourism forms as well as the rapid growth of the same-day visit in the areas close to cities in particular; the growth rate of receipts from domestic tourism higher than the growth rate of tourists, namely the transition from growth of numbers to that of economic benefits; increasing group tours organized by travel companies, constituting an increasingly large ratio of all tourists.

——The number of domestic visitors totaled 694 million, up 7.8 per cent over the previous year, including 250 million urban residents and 444 million rural residents.

——The total revenue of domestic tourism amounted to 239.118 billion yuan, up 13.2 per cent over the previous year, in which 151.513 billion yuan were spent by urban residents and 87.605 billion yuan spent by rural residents.

——The average domestic tourism expenditure per capita was 344.50 yuan, an increase of 5.0 per cent over the previous year, of which average spending by urban residents was 607.00 yuan per person and average spending by rural residents was 197.10 yuan per person.

——The total number of urban tourists organized and received by travel agencies numbered 21.25 million (including same-day visitors), representing 8.5 per cent of the total number of urban tourists, up 2.6 percentage points over the previous year.

——The ratio of domestic tourism revenue increased further, representing 69.5 per cent of the total tourism receipts from the international tourism and national tourism, up 1.8 percentage points over the previous year.

3. Operation Achievements of Travel and Tourism Enterprises

In 1998, the statistical summary of 16 266 travel-related enterprises were as follows:

——The total amount of business earnings was 144.139 billion yuan, an increase of 10.2 per cent over the previous year;

——The total amount of business tax paid was 6.499 billion yuan, an increase of 26.3 per cent over the previous year;

——The total amount of profit deficit was 1.869 billion yuan. The average profit rate was minus 1.32 per cent, 3.72 percentage points lower than the previous year;

——The total amount of profit and tax was 4.603 billion yuan, down 43.1 per cent over the previous year.

4. Scale of Tourism Industry and Number of Employees

——By the end of 1998, the total number of travel-related business enterprises and non-business tourism institutions in China's tourism industry was 17 397 (including 16 266 travel enterprises), up 34.9 per cent over the end of the previous year; the number of employees directly involved in the tourism industry was 1.83 million, up 34.6 per cent over the end of the previous year; the number of employees indirectly involved in the industry was approximately 9 million.

——By the end of 1998, the total original value of fixed assets possessed by China's tourism industry was worth 257.42 billion yuan, up 19.8 per cent over the end of the previous year; the net value of fixed assets was worth 183.493 billion yuan, up 20.1 per cent over the end of the previous year.

——By the end of 1998, there were 5 782 tourist hotels and establishments nationwide with 764 480 rooms, up 11.2 per cent and 9.0 per cent respectively over the end of the previous year; there were 6222 travel companies nationwide, up 24.8 per cent over the end of the previous year.

5. Inbound Tourism Market

China's Inbound market can be divided into foreign market and market of Hong Kong SAR, Macau and Taiwan province.

(1) Foreign market:

——In 1998, affected by the Asian financial crisis, China saw a negative growth of its foreign visitors, the first time ever over the past 10 years, with foreign arrivals totaling 7.1077 million, down 4.3 per cent over the previous year.

——In 1998, the market of major tourist generating countries can fall into two categories: a sharply declining intra – Asia market and a steadily increasing inter – Asia market.

Among the 15 major tourist generating countries, there were 8 countries in Asia. The tourist arrivals from these eight countries make up 51.9 per cent of total inbound foreign arrivals to China. The market share of these countries was down by 0.9 per cent over the previous year. Except for Mongolia, tourist arrivals from the other 7 countries to China are in a downtrend, of which Indonesia, Republic of Korea, Malaysia, Thailand and the Philippines declined greatly, while Japan and Singapore decreased slightly.

In contrast, the inter – Asia market is increasing steadily. Except for Russia, the other 7 countries (Australia, Canada, the United States, Britain, France and Germany) have an increasing number of visitors to China.

In 1998, foreign visitors had an average length of stay of 6.7 days and per capita daily expenditure totaling US $ 141.63, 0.5 days and US $ 1.66 less than those of the previous year, thus duly affecting the growth of international tourism receipts in foreign exchange.

The following is the arrivals breakdown from the top tourist generating countries to China in 1998:

Rank.	Country	Arrivals (millions)	Change over 1998 (%)
1.	Japan	1.5721	–0.6
2.	Russia	0.6920	–15.0
3.	U.S.A	0.6773	9.9
4.	ROK	0.6328	–19.0
5.	Mongolia	0.3648	6.4

6.	Singapore	0.3164	-0.1
7.	Malaysia	0.3001	-16.9
8.	Philippines	0.2565	-7.3
9.	UK	0.2429	6.6
10.	Canada	0.1960	12.6
11.	Germany	0.1919	3.9
12.	Australia	0.1864	18.9
13.	Thailand	0.1443	-14.3
14.	France	0.1380	5.1
15.	Indonesia	0.1046	-29.0
16.	Kazakhstan	0.0960	1.1
17.	Italy	0.0725	11.4
18.	India	0.0657	8.6
19.	DPRK	0.0612	-14.2
20.	Netherlands	0.0589	12.8
21.	Sweden	0.0406	5.3
22.	Portugal	0.0385	7.5
23.	Vietnam	0.0385	23.5
24.	Myanmar	0.0333	5.3
25.	NewZealand	0.0300	6.0

(2) Market of Hong Kong SAR, Macau and Taiwan Province

The market of Hong Kong, Macau and Taiwan province is crucial to mainland China inbound tourism. In 1998, the total arrivals from these regions remained a two-digit growth.

——In 1998, inbound tourists from Hong Kong SAR and Macau reached 54.0754 million, up 12.8 per cent over the previous year, which laid a solid foundation for the overall growth rate of 10.2 per cent for China's inbound tourism last year.

The market of Taiwan province has entered a period of stable growth after 10-year rapid growth. This market was increasing steadily last year with 2.1764 million arrivals to the mainland, up 2.7 per cent over 1998.

6. Number of International Tourists and Receipts by Regions

In 1998, overseas visitors received by all the provinces, autonomous regions and municipalities totaled 21.9109 million over the previous year, up 0.29 per cent. 17 provinces and cities received more than 300 thousand visitors respectively such as Guangdong, Beijing, Shanghai, Fujian, Jiangsu, Zhejiang, Yunnan, Shandong, Shaanxi, Guangxi, Liaoning, Hainan, Heilongjiang, Inner Mongolia, Hunan, Hebei and Tianjin. Guanggong ranked the 1st with 7.8865 million overseas visitors received.

——In 1998, the total number of foreign tourists received by all the provinces, autonomous regions and municipalities was 10.4387 million, an decrease of 4.3 per cent over the previous year. 16 provinces, regions and municipalities received more than 200 thousand visitors respectively including Beijing, Guangdong, Shanghai, Jiangsu, Yunnan, Zhejiang, Shaanxi, Shandong, Inner Mongolia, Heilongjiang, Fujian, Liaoning, Guangxi, Hebei, Tianjin and Hubei. Beijing ranked the 1st with 1.7818 million foreign tourists received.

——In 1998, 17 provinces, autonomous regions and municipalities earned more than U.S. $ 100 million in terms of international tourism receipts in foreign exchange. Guangdong province, with total annual receipts of U.S $2.942 billion, topped the table. The details are listed as follows:

Rank.	Region	Tourism Receipts (U.S. $ millions)	Tourists (millions)
1.	Guangdong	294 1.92	7.8865
2.	Beijing	238 4.00	2.2009
3.	Shanghai	121 7.91	1.5271
4.	Fujian	651.09	1.2178
5.	Jiangsu	528.80	1.1540
6.	Zhejiang	361.22	0.8196
7.	Liaoning	262.44	0.4107
8.	Yunnan	261.03	0.7633
9.	Shaanxi	247.17	0.5405
10.	Shandong	219.50	0.6082
11.	Tianjin	201.76	0.3049
12.	Hunan	156.13	0.3486
13.	Guangxi	155.69	0.5232
14.	Inner Mongolia	125.50	0.3690
15.	Heilongjiang	120.93	0.3833
16.	Henan	101.41	0.2743
17.	Hebei	100.05	0.3269

7. International Tourists and Receipts in Major Cities

——In 1998, a total of 15 cities received more than 200 thousand overseas tourists respectively including Guangzhou, Shenzhen, Beijing, Shanghai, Zhuhai, Hangzhou, Xi'an, Zhongshan, Xiamen, Kunming, Guilin, Nanjing, Tianjin, Suzhou and Dalian. In addition, a total of 16 cities received more than 100 thousand overseas tourists respectively including Qingdao, Changsha, Wuxi, Shantou, Chengdu, Shenyang, Chongqing, Haikou, Wuhan, Sanya, Harbin, Zhengzhou, Huangshan, Yantai, Qinhuangdao and Ningbo. These major tourist cities received 15.94 million overseas tourists in total, representing 72.7 per cent of the total number of overseas tourists received nationwide.

——In 1998, a total of 18 cities received more than 100 thousand foreign tourists respectively such as Beijing, Shanghai, Guangzhou, Shenzhen, Xi'an, Hangzhou, Tianjin, Kunming, Guilin, Suzhou, Xiamen, Nanjing, Dalian, Qingdao, Shenyang, Wuxi, Chongqing and Wuhan.

——In 1998, international tourism receipts of 15 cities respectively reached more than U.S. $ 100 million such as Beijing, Shanghai, Guangzhou, Shenzhen, Zhuhai, Xiamen, Hangzhou, Tianjin, Xi'an, Dalian, Nanjing, Suzhou, Guilin, Qingdao and Kunming. In addition, international tourism receipts of 6 cities respectively reached more than U.S. $ 50 million such as Chongqing, Shenyang, Wuxi, Zhongshan, Chengdu and Wuhan. Beijing ranked the 1st with total tourist receipts in foreign exchange of U.S. $ 2.384 billion. The top cities with U.S. $ 100 million tourism earnings are listed as follows by the amount of their receipts in foreign exchange :

Rank.	Cities	Tourism Receipts (U.S. $ millions)	Tourists (millions)
1.	Beijing	2 384.00	2.2009
2.	Shanghai	1 217.91	1.5271
3.	Guangzhou	1 063.20	3.0359
4.	Shenzhen	985.30	2.3425
5.	Zhuhai	332.34	0.6970
6.	Xiamen	236.10	0.3875
7.	Hangzhou	210.02	0.5072
8.	Tianjin	201.76	0.3049
9.	Xi'an	191.06	0.4798
10.	Dalian	153.91	0.2060
11.	Nanjing	144.46	0.3052
12.	Suzhou	134.88	0.3043
13.	Guilin	111.02	0.3803
14.	Qingdao	112.30	0.1996
15.	Kunming	100.32	0.3835

8. Scale and Business of Tourist Hotels and Establishments

In 1998, China's tourist hotels made great contributions by paying taxes totaling 3.951 billion yuan despite some disadvantages and difficulties such as declining occupancy rates and unsatisfactory economic benefits.

——By the end of 1998, there were a total of 5782 tourist hotels and establishments in China, 581 more over the end of the previous year, with a total of 764,800 rooms, 63,100 more over the end of the previous year and with a total of 1.5242 million beds, 112,500 more over the end of the previous year.

——By the end of 1998, the original value of fixed assets owned by China's tourist hotels added up to 210.528 billion yuan, up 13.8 per cent over the end of last year, constituting 81.8 per cent of the original value of fixed assets of the tourism industry.

——In 1998, the average occupancy rate of tourist hotels and establishments nationwide was 51.7 per cent, 2.1 percentage points lower than the previous year, in which the yearly average occupancy rate of 3248 star-rated tourist hotels was 52.3 per cent, 3.9 percentage points lower than the previous year; that of 3639 stated-owned tourist hotels was 50.5 per cent, 2 percentage points lower than the previous year; that of 694 tourist hotels with foreign capital and the investment from Hong Kong SAR, Macao and Taiwan province was 54.9 per cent, 3.9 percentage points lower than the previous year.

——In 1998, the yearly total business income amounted to 79.683 billion yuan, down 1.9 per cent over the previous year; the paid business tax was 3.951 billion yuan, down 2.9 per cent over the previous year; taking the profit-loss deduction of all the tourist hotels into consideration, the hotel sector suffered a loss of 4.656 billion yuan, including 1933 profit-making enterprises with a total profit amounting to 5.56 billion yuan. Per capita output was 72.5 thousand yuan, down 7.4 per cent over the previous year.

——There were a total of 3639 state-owned hotels in China. In 1998, their total business income amounted to 36.387 billion yuan, down 1.4 per cent over the previous year; the paid business tax was 1.763 billion yuan, down 2.3 per cent over the previous year; taking their total profit-loss deduction of these hotels into consideration, their profit deficit totaled 2.124 billion yuan. Per capita output was 58,800 yuan, down 0.33 per cent over the previous year.

——A total of 694 tourist hotels were built by foreign capital and investment from Hong Kong SAR, Macao and Taiwan province. In 1998, their total business earnings amounted to 27.34 billion yuan, down 22.2 per cent over the previous year; the paid business tax was 1.342 billion yuan, down 24.4 per cent over the previous year; these hotels had a profit deficit of 1.586 billion yuan after their total profit-loss deduction. Per capita output was 100,800 yuan, down 14.2 per cent over the previous year.

——By the end of 1998, the total number of star-rated tourist hotels were 3248, 524 more over the previous year, including 64 five-star hotels by adding 7; 176 four-star hotels by adding 19; 1085 three-star hotels by adding 190; 1610 two-star hotels by adding 271 and 313 one-star hotels by adding 37. The total business income of all the star-rated hotels nationwide amounted to 53.229 billion yuan, down 5.3 per cent over the previous year, representing 66.8 per cent of the total revenue of tourists hotels nationwide; the paid business tax was 2.614 billion yuan, down 4.3 per cent over the previous year; these hotels had a profit deficit of 3.473 billion yuan after their total profit-loss deduction.

——In 1998, there were 81 tourist hotels and establishments with the business income exceeding 100 million yuan, 16 hotels less than the previous year, among which 57 hotels had a business income between 100 million yuan and 200 million yuan, 9 less than the previous year; 14 hotels had an income between 200 million yuan and 300 million yuan, 1 more than the previous year; income of 10 hotels was more than 300 million yuan, 8 less than the previous year. Holiday Inn Lido Beijing topped the table with a total revenue of 589 million yuan.

——In 1998, 95 large hotels with over 500 hotel rooms achieved good economic results with the total profit of 1.667 billion yuan and with the profit rate of 8.8 per cent and the profit tax of 954 million yuan, and the per capita output was 190.2 thousand yuan8.

——The scale and business of all the tourist hotels nationwide in 1998 were seen as follows:

	Hotels	Rooms (1 000)	Beds (1 000)	Revenue (billions)	Total Profit (millions)	Occupancy (%)
total	5 782	764.8	1 524.2	79.683	- 4 656	51.67
by economic types						
state - owned	3 639	456.3	930.4	36.387	- 2 124	50.46
collective - owned	859	74.5	151.5	5.631	- 612	48.41
private - owned	153	8.7	17.6	0.853	- 72	53.90
alliance	155	57.5	122.2	6.019	115	57.62
share - stock	282	34.5	66.2	3.454	- 377	53.45
foreign - invested	458	87.3	154.4	18.527	- 1 329	54.30
H.K, Macao, Taiwan - invested	236	45.9	81.9	8.812	- 257	55.93
by scale						
room numbers						
over 500	95	136.6	273.0	18.983	1 667	59.50
between 300 - 499	290	106.6	196.1	14.324	- 1 587	53.96
between 200 - 299	498	119.7	230.8	13.205	- 1 454	52.61
between 100 - 199	1 742	241.7	489.4	18.079	- 2 086	49.42
below 99	3 157	160.3	334.9	15.091	- 1 196	47.92
bystar - rating						
5 - star	64	31.0	51.8	10.455	318	57.94
4 - star	176	60.5	107.8	12.086	- 978	56.35
3 - star	1 085	176.4	341.0	20.278	- 1 859	52.62
2 - star	1 610	159.9	330.0	9.489	- 881	49.87
1 - star	313	23.1	51.1	0.922	- 74	47.55
non - star	2 534	313.9	642.5	26.454	- 1 182	50.64

9. Scale and Business of Travel Agencies

In 1998 the receiving capacity of China's travel agencies was expanded. However, the number of tourists and the level of profit dropped to some extent.

—— By the end of 1998, there were altogether 6 222 travel agencies, 1 236 more over the end of the previous year, including 1 312 international travel agencies, 321 more over the end of the previous year; 4910 domestic travel agencies , 915 more over the end of the previous year.

——By the end of 1998, the original value of fixed assets owned by travel agencies nationwide amounted to 7.721 billion yuan, up 26.7 per cent over the previous year.

——In 1998, the total business income gained by all travel agencies amounted 25.059 billion yuan, up 6.7 per cent over the previous year. Business tax and additional charge were 243 million yuan, up 13.6 per cent over the previous year. The total amount of profit was 334 million yuan, down 34.9 per cent over the previous year;

——In 1998, the total number of overnight overseas tourists received by all the international travel agencies was 2.9001 million and 11.2438 million person/night. The number of tourists and the days of their stay dropped by 4.5 per cent and 5.3 per cent respectively over the previous year.

——In 1998, the total number of overnight overseas tourists received by all the travel agencies was 4.8386 million and 11.522 million person/night, which was down 25.6 per cent and 18.2 per cent respectively over the previous year; the total number of same - day visitors numbered 2.8088 million, down 8.3 per cent over the previous year.

10. Outbound Travel

In 1998, more travel agencies are approved to organize mainland Chinese residents to travel to Hong Kong SAR and Macau. Australia, New Zealand, Republic of Korea and Japan are approved to become the new destination countries of outbound travel of Chinese citizens at their expenses, thus increasing the existing number of destination countries.

—— In 1998, the total number of Chinese outbound travelers was 8.4256 million, up 3.1 per cent over the previous year, in which 5.2353 million Chinese nationals traveled for public affairs, down 8.7 per cent over the previous year; 3.1902 million for private purpose, up 30.8 per cent over the previous year. Hong Kong SAR, Macau, Thailand, Japan, Russia, U.S.A., ROK, Singapore, DPRK and Australia are the main destinations of Chinese outbound travelers for private purpose.

——In 1998, the total number of Chinese outbound travelers organized by travel agencies was 1.8109 million, up 26.6 per cent over the previous year, representing 21.5 per cent of the total number of outbound Chinese nationals. The destinations of outbound travel for Chinese nationals organized by travel agencies are Hong Kong SAR, Macau and some neighboring countries such as Thailand, Myanmar, Vietnam, Singapore and Malaysia.

11. Tourism education

By the end of 1998, there were 187 institutes of higher learning and colleges with tourism departments, 5 less than last year, with an enrollment of 327 370 students which was 4 171 more than 1997; 722 medium - level professional schools, 22 less than the previous year with an enrollment of 201.06 thousand students, 8.122 thousand more than the previous year; To sum up the above figures, there were totally 909 schools with an enrollments of 233 797 students.

一、来华旅游入境人数

1. INTERNATIONAL VISITOR ARRIVALS TO CHINA

1-1 1978~1998年来华旅游入境人数
ANNUAL VISITOR ARRIVALS 1978-1998

单位:人
UNIT : PERSON

年份 YEAR	总计 TOTAL	外国人 FOREIGN-ERS	华侨 OVERSEAS CHINESE	港澳台同胞 * COMPA-TRIOTS	#台湾同胞 TAIWAN
1978	1 809 221	229 646	18 092	1 561 483	
1979	4 203 901	362 389	20 910	3 820 602	
1980	5 702 536	529 124	34 413	5 138 999	
1981	7 767 096	675 153	38 856	7 053 087	
1982	7 924 261	764 497	42 745	7 117 019	
1983	9 477 005	872 511	40 352	8 564 142	
1984	12 852 185	1 134 267	47 498	11 670 420	
1985	17 833 097	1 370 462	84 827	16 377 808	
1986	22 819 450	1 482 276	68 133	21 269 041	
1987	26 902 267	1 727 821	87 031	25 087 415	
1988	31 694 804	1 842 206	79 348	29 773 250	437 700
1989	24 501 394	1 460 970	68 556	22 971 868	541 000
1990	27 461 821	1 747 315	91 090	25 623 416	948 000
1991	33 349 757	2 710 103	133 427	30 506 227	946 632
1992	38 114 945	4 006 427	165 077	33 943 441	1 317 770
1993	41 526 945	4 655 857	166 182	36 704 906	1 526 969
1994	43 684 456	5 182 060	115 245	38 387 151	1 390 215
1995	46 386 511	5 886 716	115 818	40 383 977	1 532 309
1996	51 127 516	6 744 334	154 601	44 228 581	1 733 897
1997	57 587 923	7 428 006	99 004	50 060 913	2 117 576
1998	63 478 401	7 107 747	120 704	56 249 950	2 174 602

资料来源:公安部
SOURCE: MINISTRY OF PUBLIC SECURITY
NOTE: * COMPATRIOTS FROM HONG KONG, MACAO AND TAIWAN PROVINCE.

1-2 1998年各月来华旅游入境人数
MONTHLY VISITOR ARRIVALS 1998

单位:人
UNIT : PERSON

月份 MONTH	总计 TOTAL	外国人 FOREI-GNERS	华侨 OVER-SEAS CHINESE	港澳同胞 HONG KONG & MACAU	台湾同胞 TAIWAN PROVINCE
全年 WHOLE YEAR	**63 478 401**	**7 107 747**	**120 704**	**54 075 348**	**2 174 602**
一月 JAN.	5 082 465	460 761	13 492	4 462 995	145 217
二月 FEB.	4 367 868	509 828	7 814	3 675 186	175 040
三月 MAR.	4 918 927	593 636	10 262	4 146 600	168 429
四月 APR.	5 757 916	629 825	11 841	4 917 970	198 280
五月 MAY	5 149 727	608 473	9 993	4 356 152	175 109
六月 JUNE	4 899 486	577 226	9 299	4 140 182	172 779
七月 JULY	5 391 320	585 915	11 286	4 585 785	208 334
八月 AUG.	5 760 685	657 766	9 307	4 886 732	206 880
九月 SEP.	5 125 118	582 927	8 329	4 355 145	178 717
十月 OCT.	5 708 731	699 036	9 339	4 802 672	197 684
十一月 NOV.	5 424 844	624 071	8 599	4 619 604	172 570
十二月 DEC.	5 891 314	578 283	11 143	5 126 325	175 563

资料来源：公安部
SOURCE: MINISTRY OF PUBLIC SECURITY
NOTE: * COMPATRIOTS FROM HONG KONG, MACAO AND TAIWAN PROVINCE.

1-3 1997~1998年主要客源国来华旅游入境人数
FOREIGN VISITOR ARRIVALS FROM THE MAIN GENERATING COUNTRIES 1997 - 1998

单位:人
UNIT : PERSON

国籍 NATIONALITY		1998年 1998	1997年 1997	1998年比1997年增长(%) GROWTH 1998/1997(%)
总计	**TOTAL**	**7 107 747**	**7 428 006**	**-4.3**
其中	OF WHICH			
日本	JAPAN	1 572 054	1 581 747	-0.6
俄罗斯	RUSSIA	692 000	813 681	-15.0
美国	UNITED STATES	677 311	616 438	9.9
韩国	KOREA	632 806	781 119	-19.0
蒙古	MONGOLIA	364 761	342 881	6.4
新加坡	SINGAPORE	316 434	316 825	-0.1
马来西亚	MALAYSIA	300 119	361 308	-16.9
菲律宾	PHILIPPINES	256 498	276 656	-7.3
英国	UNITED KINGDOM	242 873	227 907	6.6
加拿大	CANADA	195 953	174 092	12.6
德国	GERMANY	191 888	184 712	3.9
澳大利亚	AUSTRALIA	186 438	156 840	18.9
泰国	THAILAND	144 332	168 508	-14.3
法国	FRANCE	138 044	131 286	5.1
印度尼西亚	INDONESIA	104 602	147 328	-29.0
哈萨克斯坦	KAZAKHSTAN	95 979	94 904	1.1
意大利	ITALY	72 538	65 139	11.4
印度	INDIA	65 656	60 455	8.6
朝鲜	KOREA,D.P.REP.	61 206	71 363	-14.2
荷兰	NETHERLANDS	58 946	52 257	12.8
瑞典	SWEDEN	40 561	38 506	5.3
葡萄牙	PORTUGAL	38 512	35 830	7.5
越南	VIETNAM	38 493	31 176	23.5
缅甸	BURMA	33 263	31 590	5.3
新西兰	NEW ZEALAND	30 001	30 257	6.0

资料来源:公安部
SOURE: MINISTRY OF PUBLIC SECURITY

1-4 1998年各月来华旅游

MONTHLY FOREIGN VISITOR

国籍 NATIONALITY		一月 JAN.	二月 FEB.	三月 MAR.	四月 APR.	五月 MAY	六月 JUNE
总计	**TOTAL**	**460 761**	**509 828**	**593 636**	**629 825**	**608 473**	**577 226**
日本	JAPAN	90 968	116 734	136 460	114 842	125 468	120 347
韩国	KOREA	37 060	45 891	44 727	46 657	49 286	50 423
蒙古	MONGOLIA	28 661	29 211	22 037	31 820	29 014	30 377
印度尼西亚	INDONESIA	8 624	6 246	5 517	8 579	8 432	8 412
马来西亚	MALAYSIA	18 694	16 856	24 377	37 826	35 423	19 932
菲律宾	PHILIPPINES	19 865	18 145	21 971	26 314	25 329	20 461
新加坡	SINGAPORE	23 578	19 252	26 725	27 865	26 301	31 826
泰国	THAILAND	8 957	7 323	9 092	20 419	11 598	9 349
其它	OTHERS	28 033	33 424	37 720	40 965	39 117	38 573
亚洲	**ASIA**	**264 440**	**293 082**	**328 626**	**355 287**	**349 968**	**329 700**
英国	UNITE KINGDOM	14 568	17 527	23 052	22 928	19 997	18 503
法国	FRANCE	7 652	9 330	12 095	14 630	13 106	9 890
德国	GERMANY	12 040	14 058	22 017	19 179	16 841	12 705
意大利	ITALY	3 867	4 238	6 895	7 059	5 653	5 620
瑞士	SWITZERLAND	1 679	1 645	2 352	2 800	2 577	2 349
瑞典	SWEDEN	2 488	2 925	3 272	4 207	3 239	3 479
荷兰	NETHERLANDS	3 507	3 366	4 249	5 685	4 972	4 139
俄罗斯	RUSSIA	52 021	59 120	69 538	56 024	62 554	64 913
其它	OTHERS	16 830	20 205	22 630	25 965	21 045	19 676
欧洲	**EUROPE**	**114 652**	**132 414**	**166 100**	**158 477**	**149 984**	**141 274**
美国	U.S.A	39 547	44 036	54 092	62 347	62 464	62 611
加拿大	CANADA	14 029	13 746	16 079	17 415	16 754	14 804
其它	OTHERS	6 029	5 460	6 298	8 067	6 390	6 007
美洲	**AMERICA**	**59 605**	**63 242**	**76 469**	**87 829**	**85 608**	**83 422**
澳大利亚	AUSTRALIA	14 529	12 689	14 158	18 292	15 072	15 208
新西兰	NEW ZEALAND	2 012	2 231	2 715	2 605	2 555	2 775
其它	OTHERS	670	550	657	926	894	688
大洋洲	**OCEANIA**	**17 211**	**15 470**	**17 530**	**21 823**	**18 521**	**18 671**
非洲	**AFRICA**	**3 374**	**3 757**	**4 417**	**5 284**	**3 436**	**3 381**
其它	**OTHERS**	**1 479**	**1 863**	**494**	**1 125**	**956**	**778**

资料来源:公安部

SOURCE: MINISTRY OF PUBLIC SECURITY

入境外国人数(按国籍分)

ARRIVALS BY NATIONALITY 1998

单位:人

UNIT : PERSON

	七　月 JULY	八　月 AUG.	九　月 SEP.	十　月 OCT.	十一月 NOV.	十二月 DEC.	合　计 TOTAL	占总数比重(%) P.C. TOTAL	比上年增长(%) GROWTH (%)
	585 915	**657 766**	**582 927**	**699 036**	**624 071**	**578 283**	**7 107 747**	**100.0**	**-4.3**
	138 454	154 843	141 442	152 252	155 007	125 237	1 572 054	22.1	-0.6
	60 182	68 815	54 592	58 997	56 732	59 444	632 806	8.9	-19.0
	30 927	37 796	27 917	31 121	30 897	34 983	364 761	5.1	6.4
	9 106	10 416	8 067	11 598	9 231	10 374	104 602	1.5	-29.0
	15 839	19 524	33 231	26 686	24 071	27 660	300 119	4.2	-16.9
	19 919	21 882	19 689	21 199	20 776	20 948	256 498	3.6	-7.3
	18 620	19 834	23 801	29 602	29 733	39 297	316 434	4.5	-0.1
	9 858	9 248	10 213	16 933	12 541	18 801	144 332	2.0	-14.3
	34 715	41 282	38 434	46 129	36 571	32 925	447 888	6.3	3.0
	337 620	**383 640**	**357 386**	**394 517**	**375 559**	**369 669**	**4 139 494**	**58.2**	**-6.2**
	19 793	21 276	21 145	26 226	22 080	15 778	242 873	3.4	6.6
	12 530	14 070	11 985	14 145	10 079	8 532	138 044	1.9	5.1
	13 300	15 879	17 235	20 964	17 608	10 062	191 888	2.7	3.9
	5 534	9 350	6 391	7 793	6 221	3 917	72 538	1.0	11.4
	2 765	2 263	3 099	3 053	2 339	1 489	28 410	0.4	-6.1
	2 739	2 890	3 751	4 986	3 619	2 966	40 561	0.6	5.3
	6 225	5 764	6 009	7 261	4 529	3 240	58 946	0.8	12.8
	60 727	77 240	32 305	53 259	52 617	51 682	692 000	9.7	-15.0
	22 890	23 698	22 365	30 819	25 448	17 545	269 116	3.8	-22.0
	146 503	**172 430**	**124 285**	**168 506**	**144 540**	**115 211**	**1 734 376**	**24.4**	**-8.2**
	57 098	55 869	55 100	77 673	58 355	48 119	677 311	9.5	9.9
	16 144	16 903	14 236	20 772	18 155	16 916	195 953	2.8	12.6
	6 271	5 987	5 904	8 198	5 571	4 481	74 663	1.1	-2.6
	79 513	**78 759**	**75 240**	**106 643**	**82 081**	**69 516**	**947 927**	**13.3**	**9.3**
	14 586	14 302	17 697	18 098	14 571	17 236	186 438	2.6	18.9
	2 419	2 580	2 583	2 984	2 457	2 085	30 001	0.4	6.0
	696	687	641	780	665	655	8 509	0.1	2.5
	17 701	**17 569**	**20 921**	**21 862**	**17 693**	**19 976**	**224 948**	**3.2**	**16.3**
	3 516	**4 064**	**3 747**	**6 129**	**3 493**	**3 570**	**48 168**	**0.7**	**-2.0**
	1 062	**1 304**	**1 348**	**1 379**	**705**	**341**	**12 834**	**0.2**	**-29.9**

1-5 1998年各月来华旅游入境人数(按入境方式分)

MONTHLY VISITOR ARRIVALS BY MODE OF TRANSPORT 1998

单位:人

UNIT : PERSON

月份 MONTH	总计 TOTAL	船舶 SEA	飞机 AIR	火车 RAIL	汽车 MOTOR	徒步 FOOT
全年 WHOLE YEAR	**63 478 401**	**3 754 336**	**5 559 601**	**819 920**	**10 471 224**	**42 873 320**
一 月 JAN.	5 082 465	373 639	385 089	78 696	845 046	3 399 995
二 月 FEB.	4 367 868	244 852	378 058	55 798	681 687	3 007 473
三 月 MAR.	4 918 927	285 767	445 434	62 640	877 827	3 247 259
四 月 APR.	5 757 916	409 965	508 209	88 081	966 452	3 785 209
五 月 MAY	5 149 727	300 467	466 224	58 996	900 476	3 423 564
六 月 JUNE	4 899 486	270 420	423 631	55 656	839 581	3 310 198
七 月 JULY	5 391 320	309 227	470 729	64 190	895 513	3 651 661
八 月 AUG.	5 760 685	338 748	518 699	71 888	952 935	3 878 415
九 月 SEP.	5 125 118	258 358	485 438	60 233	848 227	3 472 862
十 月 OCT.	5 708 731	331 300	570 297	80 082	903 247	3 823 805
十一月 NOV.	5 424 844	299 764	476 457	66 498	858 444	3 723 681
十二月 DEC.	5 891 314	331 829	431 336	77 162	901 789	4 149 198

资料来源:公安部

SOURCE: MINISTRY OF PUBLIC SECURITY

1-6 1994~1998 年来华旅游外国人数(按国籍分)

ANNUAL FOREIGN VISITOR ARRIVALS BY NATIONALITY 1994-1998

单位:人

UNIT: PERSON

国籍 NATIONALITY	1994 年 1994	1995 年 1995	1996 年 1996	1997 年 1997	1998 年 1998
总计 TOTAL	**5 182 060**	**5 886 716**	**6 744 334**	**7 428 006**	**7 107 747**
日本 JAPAN	1 141 225	1 305 190	1 548 843	1 581 747	1 572 054
韩国 KOREA	340 312	529 467	693 944	781 119	632 806
蒙古 MONGOLIA	301 200	261 940	281 907	342 881	364 761
印度尼西亚 INDONESIA	120 406	132 807	137 767	147 328	104 602
马来西亚 MALAYSIA	208 653	251 758	298 451	361 308	300 119
菲律宾 PHILIPPINES	184 921	219 722	243 727	276 656	256 498
新加坡 SINGAPORE	231 879	261 467	286 316	316 825	316 434
泰国 THAILAND	163 672	173 342	193 287	168 508	144 332
其它 OTHERS	351 746	382 662	380 894	434 720	447 888
亚洲 ASIA	**3 044 014**	**3 518 355**	**4 065 136**	**4 411 092**	**4 139 494**
英国 UNITE KINGDOM	166 972	184 912	205 197	227 907	242 873
法国 FRANCE	111 796	118 494	123 291	131 286	138 044
德国 GERMANY	148 825	166 528	178 982	184 712	191 888
意大利 ITALY	55 545	63 721	62 104	65 139	72 538
瑞士 SWITZERLAND	28 131	34 265	33 397	30 257	28 410
瑞典 SWEDEN	30 420	35 206	34 237	38 506	40 561
荷兰 NETHERLANDS	30 149	34 948	41 287	52 257	58 946
俄罗斯 RUSSIA	399 849	489 329	555 897	813 681	692 000
其它 OTHERS	350 544	327 491	398 556	345 128	269 116
欧洲 EUROPE	**1 322 231**	**1 454 894**	**1 632 948**	**1 888 873**	**1 734 376**
美国 U.S.A.	469 849	514 850	576 416	616 438	677 311
加拿大 CANADA	113 169	128 762	156 613	174 092	195 953
其它 OTHERS	50 093	53 643	76 156	76 636	74 663
美洲 AMERICA	**633 111**	**697 255**	**809 185**	**867 166**	**947 927**
澳大利亚 AUSTRALIA	109 538	129 368	132 683	156 840	186 438
新西兰 NEW ZEALAND	20 413	22 883	30 150	28 296	30 001
其它 OTHERS	5 705	6 283	10 613	8 305	8 509
大洋洲 OCEANIA	**135 656**	**158 534**	**173 446**	**193 441**	**224 948**
非洲 AFRICA	**30 027**	**40 805**	**47 218**	**49 134**	**48 168**
其它 OTHERS	**17 021**	**16 873**	**16 401**	**18 300**	**12 834**

资料来源:公安部

SOURCE: MINISTRY OF PUBLIC SECURITY

二、来华旅游者主要特征

2. MAJOR PROFILE OF INTERNATIONAL VISITORS

2-1 1997~1998年来华旅游外国人数
(按年龄、性别、职业和入境方式分)
FOREIGN VISITOR ARRIVALS BY AGE, SEX, OCCUPATION & MODE OF TRANSPORT 1997-1998

单位:人
UNIT : PERSON

项 目	ITEM	1998年 1998	占总人数比重 (%) P.C. TOTAL	1997年 1997	占总人数比重 (%) P.C. TOTAL
总 计	**TOTAL**	**7 107 747**	**100.0**	**7 428 006**	**100.0**
14岁以下	UNDER 14	240 497	3.4	-	-
15-24岁	15-24	617 089	8.7	-	-
25-44岁	25-44	3 559 071	50.1	-	-
45-65岁	45-65	2 295 401	32.3	-	-
65岁以上	OVER 65	395 689	5.6	-	-
男	MALE	4 817 971	67.8	5 013 910	67.5
女	FEMALE	2 289 776	32.2	2 414 096	32.5
专业技术人员	TECHNICIAN	426 371	6.0	599 477	8.1
行政管理人员	OFFICIAL	657 113	9.2	450 360	6.1
办事员	CLERK	439 353	6.2	508 044	6.8
商人	BUSINESSMAN	1 353 274	19.0	1 314 464	17.7
服务人员	SERVER	335 336	4.7	499 269	6.7
农民	FARMER	24 230	0.3	39 265	0.5
工人	WORKER	454 521	6.4	480 486	6.5
其他专业人员	OTHERS	2 917 673	41.1	2 287 228	30.8
无职业人员	FREEMAN	499 876	7.1	1 249 413	16.8
船舶	SEA	1 027 207	14.5	1 156 070	15.6
飞机	AIR	3 707 949	52.2	3 909 976	52.6
火车	RAIL	329 953	4.6	387 330	5.2
汽车	MOTOR	1 017 278	14.3	1 031 085	13.9
徒步	FOOT	1 025 360	14.4	943 545	12.7

资料来源:公安部
SOURCE: MINISTRY OF PUBLIC SECURITY

2-2 1998年各月来华旅游
MONTHLY FOREIGN VISITOR

月 份 MONTH	合 计 TOTAL	专业技术人员 TECHNI-CIAN	行政管理人员 OFFI-CIAL	办事员 CLERK
全 年 WHOLE YEAR	**7 107 747**	**426 371**	**657 113**	**439 353**
一 月 JAN.	460 761	28 765	43 097	28 323
二 月 FEB.	509 828	32 239	48 851	34 386
三 月 MAR.	593 636	36 513	56 536	40 070
四 月 APR.	629 825	38 254	58 940	34 089
五 月 MAY	608 473	41 494	61 037	36 416
六 月 JUNE	577 226	36 810	55 901	37 805
七 月 JULY	585 915	33 429	50 199	38 496
八 月 AUG.	657 766	37 062	55 518	39 748
九 月 SEP.	582 927	32 441	56 202	34 846
十 月 OCT.	699 036	36 690	66 580	39 210
十一月 NOV.	624 071	38 211	56 119	38 842
十二月 DEC.	578 283	34 463	48 133	37 122

资料来源:公安部
SOURCE: MINISTRY OF PUBLIC SECURITY

外国人数(按职业分)
ARRIVALS BY OCCUPATION 1998

单位:人
UNIT : PERSON

商 人 BUSINESS－MAN	服务人员 SERVER	农 民 FARMER	工 人 WORKER	其他职业人员 OTHERS	无职业人 员 FREEMAN
1 353 274	**335 336**	**24 230**	**454 521**	**2 917 673**	**499 876**
81 927	23 580	1 770	37 052	175 993	40 254
106 364	28 520	2 973	30 881	187 590	38 024
125 170	35 484	2 226	35 497	228 660	33 480
129 522	28 080	2 189	38 647	261 539	38 565
116 557	32 878	2 057	37 383	244 417	36 234
114 871	26 544	1 921	39 160	226 843	37 371
107 100	28 046	1 670	37 730	240 403	48 842
115 921	28 355	3 194	41 850	284 680	51 438
94 168	23 490	1 536	40 001	260 006	40 237
139 782	28 550	1 850	41 489	297 669	47 216
114 422	25 806	1 620	36 067	271 681	41 303
107 470	26 003	1 224	38 764	238 192	46 912

2-3 1998年各月来华旅游外国人数（按年龄和性别分）

MONTHLY FOREIGN VISITOR ARRIVALS BY AGE & SEX 1998

单位：人
UNIT：PERSON

月份 MONTH	合计 TOTAL	年龄 AGE 14岁以下 UNDER 14	15－24岁 15－24	25－44岁 25－44	45－64岁 45－64	65岁以上 OVER 65	性别 SEX 男 MALE	女 FEMALE
全年 WHOLE YEAR	**7 107 747**	**240 497**	**617 089**	**3 559 071**	**2 295 401**	**395 689**	**4 817 971**	**2 289 776**
一月 JAN.	460 761	20 470	40 578	225 754	134 012	39 947	313 826	146 935
二月 FEB.	509 828	13 182	51 544	273 805	154 862	16 435	360 625	149 203
三月 MAR.	593 636	14 607	48 651	298 350	197 711	34 317	409 625	184 011
四月 APR.	629 825	20 442	44 299	315 278	214 212	35 594	424 554	205 271
五月 MAY	608 473	15 771	42 598	310 889	202 803	36 412	416 689	191 784
六月 JUNE	577 226	19 355	47 938	293 984	186 932	29 017	396 878	180 348
七月 JULY	585 915	26 546	62 414	292 170	179 922	24 863	395 643	190 272
八月 AUG.	657 766	32 992	69 805	326 401	203 096	25 472	429 948	227 818
九月 SEP.	582 927	14 281	45 906	280 423	200 206	42 111	393 308	189 619
十月 OCT.	699 036	16 849	46 369	340 308	241 038	54 472	474 895	224 141
十一月 NOV.	624 071	15 620	56 533	309 507	207 172	35 239	424 307	199 764
十二月 DEC.	578 283	30 382	60 454	292 202	173 435	21 810	377 673	200 610

资料来源：公安部
SOURCE: MINISTRY OF PUBLIC SECURITY

2-4 1998年各月来华旅游外国人数(按入境方式分)
MONTHLY FOREIGN VISITOR ARRIVALS BY MODE OF TRANSPORT 1998

单位:人
UNIT : PERSON

月 份 MONTH	总 计 TOTAL	船 舶 SEA	飞 机 AIR	火 车 RAIL	汽 车 MOTOR	徒 步 FOOT
全 年 WHOLE YEAR	**7 107 747**	**1 027 207**	**3 707 949**	**329 953**	**1 017 278**	**1 025 360**
一 月 JAN.	460 761	70 082	224 142	25 232	78 309	62 996
二 月 FEB.	509 828	64 338	246 268	25 022	86 404	87 796
三 月 MAR.	593 636	81 127	306 126	27 520	93 249	85 614
四 月 APR.	629 825	81 040	331 179	34 944	90 437	92 225
五 月 MAY	608 473	88 114	321 188	25 223	85 995	87 953
六 月 JUNE	577 226	91 356	289 942	24 147	85 275	86 506
七 月 JULY	585 915	93 341	299 696	24 801	80 181	87 896
八 月 AUG.	657 766	98 759	347 929	28 939	96 953	85 186
九 月 SEP.	582 927	83 232	336 702	22 738	67 182	73 073
十 月 OCT.	699 036	101 249	386 620	33 759	81 446	95 962
十一月 NOV.	624 071	90 830	332 397	28 069	82 729	90 046
十二月 DEC.	578 283	83 739	285 760	29 559	89 118	90 107

资料来源:公安部
SOURCE: MINISTRY OF PUBLIC SECURITY

2－5 1998 年来华旅游

FOREIGN VISITOR ARRIVALS

国籍 NATIONALITY		合计 TOTAL	专业技术人员 TECHNICIAN	行政管理人员 OFFICIAL	办事员 CLERK
总计	**TOTAL**	**7 107 747**	**426 371**	**657 113**	**439 353**
日本	JAPAN	1 572 054	61 602	73 536	200 874
韩国	KOREA	632 806	32 593	36 358	42 041
蒙古	MONGOLIA	364 761	7 260	44 111	23 536
印度尼西亚	INDONESIA	104 602	6 374	3 209	6 433
马来西亚	MALAYSIA	300 119	14 483	21 598	15 410
菲律宾	PHILIPPINES	256 498	25 494	11 101	6 403
新加坡	SINGAPORE	316 434	21 691	33 803	13 280
泰国	THAILAND	144 332	4 795	7 640	4 937
其它	OTHERS	447 888	34 634	29 307	23 589
亚洲	**ASIA**	**4 139 494**	**208 926**	**260 663**	**336 503**
英国	UNITE KINGDOM	242 872	18 352	50 051	11 256
法国	FRANCE	138 044	7 755	20 420	4 099
德国	GERMANY	191 888	13 050	31 468	6 263
意大利	ITALY	72 538	4 024	13 458	2 827
瑞士	SWITZERLAND	28 410	1 849	5 390	857
瑞典	SWEDEN	40 561	3 022	8 829	1 332
荷兰	NETHERLANDS	58 946	3 313	8 168	2 410
俄罗斯	RUSSIA	692 000	58 311	21 899	9 009
其它	OTHERS	269 117	20 007	40 684	8 910
欧洲	**EUROPE**	**1 734 376**	**129 683**	**200 367**	**46 963**
美国	U.S.A	677 311	49 434	130 176	24 457
加拿大	CANADA	195 953	13 620	27 392	11 601
其它	OTHERS	74 663	3 436	6 489	4 743
美洲	**AMERICA**	**947 927**	**66 490**	**164 057**	**40 801**
澳大利亚	AUSTRALIA	186 438	15 477	22 065	8 813
新西兰	NEW ZEALAND	30 001	2 100	3 827	1 392
其它	OTHERS	8 509	277	292	470
大洋洲	**OCEANIA**	**224 948**	**17 854**	**26 184**	**10 675**
非洲	**AFRICA**	**48 168**	**2 878**	**4 276**	**3 714**
其它	**OTHERS**	**12 834**	**540**	**1 566**	**697**

资料来源：公安部

SOURCE: MINISTRY OF PUBLIC SECURITY

外国人数(按国籍和职业分)

BY NATIONALITY & OCCUPATION 1998

单位:人

UNIT : PERSON

商　人 BUSINESSMAN	服务人员 SERVER	农　民 FARMER	工　人 WORKER	其他职业人　员 OTHERS	无职业人　员 FREEMAN
1 353 274	**335 336**	**24 230**	**454 521**	**2 917 673**	**499 876**
268 285	48 202	4 846	35 910	764 794	114 005
179 052	18 961	2 642	58 970	232 599	29 590
78 961	27 269	5 707	5 711	58 707	113 499
11 619	5 343	109	16 811	46 697	8 007
39 021	16 503	970	11 687	160 103	20 344
12 565	30 600	593	96 918	65 849	6 975
48 198	17 200	442	12 256	149 172	20 392
22 736	12 958	504	11 281	69 559	9 922
69 996	30 142	994	90 317	158 843	10 066
730 433	**207 178**	**16 807**	**339 861**	**1 706 323**	**332 800**
35 350	8 480	408	5 713	101 550	11 712
19 815	6 367	302	4 167	66 649	8 470
24 700	7 540	329	7 270	93 699	7 569
11 139	2 009	179	2 622	32 817	3 463
4 036	894	81	2 262	11 980	1 061
4 865	2 103	118	1 785	17 222	1 285
10 185	2 551	177	2 391	26 366	3 385
281 856	46 653	2 913	33 581	215 261	22 517
30 925	10 977	927	27 240	115 703	13 744
422 871	**87 574**	**5 434**	**87 031**	**681 247**	**73 206**
100 422	19 007	763	13 562	288 390	51 100
34 951	6 199	307	4 786	80 647	16 450
17 494	2 333	167	2 384	32 174	5 443
152 867	**27 539**	**1 237**	**20 732**	**401 211**	**72 993**
28 482	9 371	431	3 305	84 787	13 707
5 202	912	146	430	13 797	2 195
2 200	476	36	740	3 406	612
35 884	**10 759**	**613**	**4 475**	**101 990**	**16 514**
9 799	**1 924**	**112**	**2 118**	**20 942**	**2 405**
1 420	**362**	**27**	**304**	**5 960**	**1 958**

2-6 1998年来华旅游
FOREIGN VISITOR ARRIVALS

国籍	NATIONALITY	合计 TOTAL	年龄 14岁以下 UNDER 14	15-24岁 15-24
总计	**TOTAL**	**7 107 747**	**240 497**	**617 089**
日本	JAPAN	1 572 054	34 336	129 585
韩国	KOREA	632 806	18 976	41 367
蒙古	MONGOLIA	364 761	4 295	47 982
印度尼西亚	INDONESIA	104 602	3 354	14 556
马来西亚	MALAYSIA	300 119	10 544	25 695
菲律宾	PHILIPPINES	256 498	4 266	35 307
新加坡	SINGAPORE	316 434	18 431	18 067
泰国	THAILAND	144 332	6 188	11 672
其它	OTHERS	447 888	6 485	42 262
亚洲	**ASIA**	**4 139 494**	**106 875**	**366 493**
英国	UNITE KINGDOM	242 872	9 215	16 334
法国	FRANCE	138 044	6 694	10 092
德国	GERMANY	191 888	4 173	8 410
意大利	ITALY	72 538	1 207	3 820
瑞士	SWITZERLAND	28 410	888	1 606
瑞典	SWEDEN	40 561	1 679	2 369
荷兰	NETHERLANDS	58 946	2 339	3 422
俄罗斯	RUSSIA	692 000	10 731	100 381
其它	OTHERS	269 117	6 891	24 364
欧洲	**EUROPE**	**1 734 376**	**43 817**	**170 798**
美国	U.S.A	677 311	48 392	39 353
加拿大	CANADA	195 953	16 851	11 490
其它	OTHERS	74 663	4 668	6 233
美洲	**AMERICA**	**947 927**	**69 911**	**57 076**
澳大利亚	AUSTRALIA	186 438	15 273	12 789
新西兰	NEW ZEALAND	30 001	2 193	2 198
其它	OTHERS	8 509	393	963
大洋洲	**OCEANIA**	**224 948**	**17 859**	**15 950**
非洲	**AFRICA**	**48 168**	**1 647**	**4 554**
其它	**OTHERS**	**12 834**	**388**	**2 218**

资料来源:公安部

SOURCE: MINISTRY OF PUBLIC SECURITY

外国人数(按国籍、年龄和性别分)
BY NATIONALITY, AGE & SEX 1998

单位:人

UNIT : PERSON

AGE			性　别　SEX	
25－44 岁 25－44	45－64 岁 45－64	65 岁以上 OVER 65	男 MALE	女 FEMALE
3 559 071	**2 295 401**	**395 689**	**4 817 971**	**2 289 776**
591 378	669 963	146 792	1 167 843	404 211
382 369	174 110	15 984	492 500	140 306
264 011	46 383	2 090	208 091	156 670
52 420	27 438	6 834	63 968	40 634
145 175	97 811	20 894	176 608	123 511
164 659	46 922	5 344	194 729	61 769
154 047	102 566	23 323	197 453	118 981
70 264	46 878	9 330	75 344	68 988
287 426	103 457	8 258	352 089	95 799
2 111 749	**1 315 528**	**238 849**	**2 928 625**	**1 210 869**
118 318	86 690	12 315	172 563	70 309
63 551	49 823	7 884	92 297	45 747
86 612	82 634	10 059	134 512	57 376
34 343	29 461	3 707	53 100	19 438
12 947	11 394	1 575	19 158	9 252
17 411	16 351	2 751	27 932	12 629
28 403	22 041	2 741	40 654	18 292
402 428	165 602	12 858	328 864	363 136
139 401	88 009	10 452	188 557	80 560
903 414	**552 005**	**64 342**	**1 057 637**	**676 739**
261 270	265 113	63 183	453 155	224 156
90 921	63 885	12 806	132 482	63 471
42 378	17 797	3 587	49 959	24 704
394 569	**346 795**	**79 576**	**635 596**	**312 331**
91 923	57 407	9 046	123 521	62 917
16 061	8 314	1 235	20 466	9 535
5 580	1 356	217	5 940	2 569
113 564	**67 077**	**10 498**	**149 927**	**75 021**
29 488	**10 675**	**1 804**	**37 722**	**10 446**
6 287	**3 321**	**620**	**8 464**	**4 370**

2-7 1998年来华旅游外国人数(按国籍和入境方式分)

FOREIGN VISITOR ARRIVALS BY NATIONALITY & MODE OF TRANSPORT 1998

单位:人

UNIT : PERSON

国籍 NATIONALITY	总计 TOTAL	船舶 SEA	飞机 AIR	火车 RAIL	汽车 MOTOR	徒步 FOOT
总计 TOTAL	**7 107 747**	**1 027 207**	**3 707 949**	**329 953**	**1 017 278**	**1 025 360**
日本 JAPAN	1 572 054	147 161	1 137 465	18 386	72 017	197 025
韩国 KOREA	632 806	154 344	405 928	3 136	10 978	58 420
蒙古 MONGOLIA	64 761	2 567	19 625	51 789	290 384	396
印度尼西亚 INDONESIA	104 602	29 904	27 579	2 934	7 371	36 814
马来西亚 MALAYSIA	300 119	19 241	184 756	3 596	14 527	77 999
菲律宾 PHILIPPINES	28 631	3 121	10 103	387	4 244	10 776
新加坡 SINGAPORE	10 347	1 002	1 711	157	5 015	2 462
泰国 THAILAND	65 656	19 701	15 769	2 536	3 559	24 091
其它 OTHERS	1 060 518	252 894	463 495	44 970	141 605	157 554
亚洲 ASIA	**4 139 494**	**629 935**	**2 266 431**	**127 891**	**549 700**	**565 537**
英国 UNITE KINGDOM	242 873	32 534	125 262	12 264	18 630	54 183
法国 FRANCE	138 044	8 192	96 008	4 488	7 715	21 641
德国 GERMANY	191 888	16 675	145 799	5 586	6 279	17 549
意大利 ITALY	72 538	5 757	54 826	2 299	2 540	7 116
瑞士 SWITZERLAND	28 410	1 944	21 731	1 227	1 253	2 255
瑞典 SWEDEN	40 561	3 786	30 215	1 938	1 416	3 206
荷兰 NETHERLANDS	58 946	4 148	37 531	3 042	4 150	10 075
俄罗斯 RUSSIA	692 000	142 766	120 577	109 225	314 798	4 634
其它 OTHERS	269 116	37 662	173 159	7 234	7 329	43 732
欧洲 EUROPE	**1 734 376**	**253 464**	**805 108**	**147 303**	**364 110**	**164 391**
美国 U.S.A	677 311	81 221	395 811	26 925	52 016	121 338
加拿大 CANADA	195 953	23 535	76 234	10 477	22 638	63 069
其它 OTHERS	74 663	9 135	24 046	3 701	7 702	30 079
美洲 AMERICA	**947 927**	**113 891**	**496 091**	**41 103**	**82 356**	**214 486**
澳大利亚 AUSTRALIA	186 438	19 090	100 117	8 538	14 090	44 603
新西兰 NEW ZEALAND	30 001	3 536	11 305	2 265	3 079	9 816
其它 OTHERS	8 509	2 013	1 090	352	879	4 175
大洋洲 OCEANIA	**224 948**	**24 639**	**112 512**	**11 155**	**18 048**	**58 594**
非洲 AFRICA	**48 168**	**5 069**	**20 019**	**2 163**	**2 965**	**17 952**
其它 OTHERS	**12 834**	**209**	**7 788**	**338**	**99**	**4 400**

资料来源:公安部

SOURCE: MINISTRY OF PUBLIC SECURITY

三、国际旅游外汇收入

3. INTERNATIONAL TOURISM RECEIPTS

3-1 1978~1998年国际旅游外汇收入
INTERNATIONAL TOURISM RECEIPTS 1978-1998

年　份 YEAR	外汇收入 (亿美元) RECEIPTS (100Mn.US $)	发展指数 (以1978年为100) INDICES (1978=100)	每年增长百分比 (%) GROWTH (%)
1978	2.63	100.00	-
1979	4.49	170.90	70.90
1980	6.17	234.60	37.30
1981	7.85	298.60	27.30
1982	8.43	320.70	7.40
1983	9.41	358.00	11.60
1984	11.31	430.30	20.20
1985	12.50	475.50	10.50
1986	15.31	582.30	22.50
1987	18.62	708.10	21.60
1988	22.47	854.60	20.70
1989	18.60	707.70	-17.20
1990	22.18	843.50	19.20
1991	28.45	1 082.10	28.30
1992	39.47	1 501.30	38.70
1993	46.83	1 781.40	18.70
1994	73.23	2 785.40	*
1995	87.33	3 321.70	19.25
1996	102.00	3 879.98	16.81
1997	120.74	4 592.67	18.37
1998	126.02	4 793.36	4.37

注:* 由于国家外汇管理体制变化,1994年国际旅游外汇收入统计方法也做了相应的改革,采用了与国际接轨的办法,与往年不能作简单对比。

NOTE: * BECAUSE OF THE REFORM IN THE FOREIGN CURRENCY CONTROL SYSTEM, THE METHOD OF CALCULATING TOURISM RECEIPTS IN 1994 HAS ALSO BEEN ADJUSTED AND THE INTERNATIONAL STANDARD IS ADOPTED. IT IS NOT PROPER TO MAKE SIMPLE COMPARISON WITH THE FIGURES OF PREVIOUS YEARS.

3-2 1998年国际旅游外汇收入构成
BREAKDOWN OF INTERNATIONAL TOURISM RECEIPTS 1998

单位:亿美元

UNIT :100Mn.US $

	收入总额 RECEIPTS	占总收入比重(%) P.C.TOTAL
总 计 TOTAL	**126.02**	**100.0**
一、长途交通 LONG - DISTANCE TRANSPORTATION	31.85	25.3
1.民 航 AIR	22.37	17.8
2.铁 路 RAIL	3.33	2.6
3.汽 车 MOTOR	3.27	2.6
4.轮 船 SEA	2.88	2.3
二、游 览 SIGHTSEEING	5.48	4.3
三、住 宿 ACCOMMODATION	17.37	13.8
四、餐 饮 FOOD & BEVERAGE	15.48	12.3
五、商品销售 SHOPPING	25.91	20.6
六、娱 乐 ENTERTAINMENT	8.10	6.4
七、邮电通讯 COMMUNICATION	5.02	4.0
八、市内交通 LOCAL TRASPORTATION	4.42	3.5
九、其他服务 OTHERS	12.39	9.8

3-3 1998年各月国际旅游外汇收入
MONTHLY OF INTERNATIONAL TOURISM RECEIPTS 1998

单位:万美元
UNIT :10000 US $

月份 MONTH	总计 TOTAL	外国人 FOREIGN-ERS	华侨 OVERSEAS CHINESE	港澳同胞 HONG KONG & MACAU	台湾同胞 TAIWAN PROVINCE
全年 WHOLE YEAR	**1 260 174**	**459 876**	**9 374**	**571 409**	**219 515**
一月 JAN.	92 346	29 339	1 048	47 305	14 654
二月 FEB.	89 723	32 969	607	38 468	17 679
三月 MAR.	99 591	38 180	797	43 610	17 004
四月 APR.	114 183	40 929	920	51 312	20 022
五月 MAY	103 398	39 161	776	45 781	17 680
六月 JUNE	98 645	36 992	722	43 489	17 442
七月 JULY	108 243	37 904	876	48 434	21 029
八月 AUG.	116 147	42 876	723	51 660	20 888
九月 SEP.	102 359	37 972	647	45 690	18 050
十月 OCT.	117 883	46 033	725	51 157	19 968
十一月 NOV.	107 366	40 454	668	48 819	17 425
十二月 DEC.	110 290	37 067	865	54 684	17 674

3-4 1997~1998年各地区国际旅游外汇收入

INTERNATIONAL TOURISM RECEIPTS BY LOCALITY 1997-1998

单位:万美元

UNIT :10000 US $

地区 LOCALITY	1998年 1998	按收入高低排列名次 POSITION	1997年 1997	按收入高低排列名次 POSITION	1998年比1997年增长(%) GROWTH(%)
北京 BEIJING	238 400	2	224 760	2	6.1
天津 TIANJIN	20 176	11	18 009	11	12.0
河北 HEBEI	10 005	17	9 725	19	2.9
山西 SHANXI	3 826	26	3 748	27	2.1
内蒙古 INNERMONGOLIA	12 550	14	10 700	15	17.3
辽宁 LIAONING	26 244	7	25 953	8	1.1
吉林 JILIN	3 783	27	5 935	24	-36.3
黑龙江 HEILONGJIANG	12 093	15	10 452	17	15.7
上海 SHANGHAI	121 791	3	131 698	3	-7.5
江苏 JIANGSU	52 880	5	40 828	5	29.5
浙江 ZHEJIANG	36 122	6	34 492	6	4.7
安徽 ANHUI	5 120	23	6 424	23	-20.3
福建 FUJIAN	65 109	4	61 373	4	6.1
江西 JIANGXI	4 284	25	4 457	25	-3.9
山东 SHANDONG	21 950	10	20 376	10	7.7
河南 HENAN	10 141	16	9 500	20	6.7
湖北 HUBEI	8 831	20	16 978	13	-48.0
湖南 HUNAN	15 613	12	14 004	14	11.5
广东 GUANGDONG	294 192	1	280 055	1	5.0
广西 GUANGXI	15 569	13	17 839	12	-12.7
海南 HAINAN	9 627	18	10 207	18	-5.7
重庆 CHONGQING	8 837	19	10 548	16	16.2
四川 SICHUAN	8 367	21	7 895	21	6.0
贵州 GUIZHOU	4 831	24	4 429	26	9.1
云南 YUNNAN	26 103	8	26 391	7	-1.1
西藏 TIBET	3 302	28	3 172	28	4.1
陕西 SHAANXI	24 717	9	22 464	9	10.0
甘肃 GANSU	3 018	29	2 849	29	5.9
青海 QINGHAI	276	30	268	30	3.0
宁夏 NINGXIA	142	31	133	31	6.8
新疆 XINJIANG	8 246	22	7 111	22	16.0

3-5 1997～1998年主要城市国际旅游外汇收入
INTERNATIONAL TOURISM RECEIPTS BY MAJOR CITIES 1997-1998

单位:万美元

UNIT :10000 US $

城市名称 NAME OF CITY		1998年 1998	1997年 1997	增长(%) GROWTH(%)
北　　京	BEIJING	238 400	224 760	6.1
天　　津	TIANJIN	20 176	18 009	12.0
石 家 庄	SHIJIAZHUANG	2 800	2 169	29.1
秦 皇 岛	QINHUANGDAO	3 829	3 739	2.4
承　　德	CHENGDE	1 162	1 846	-37.1
太　　原	TAIYUAN	1 503	1 264	18.9
大　　同	DATONG	743	948	-21.6
呼和浩特	HOHHOT	327	606	-46.0
沈　　阳	SHENYANG	8 565	7 055	21.4
大　　连	DALIAN	15 391	17 002	-9.5
长　　春	CHANGCHUN	1 529	1 544	-1.0
吉　　林	JILIN	407	625	-34.9
延　　边	YANBIAN	1 378	2 762	-50.1
哈 尔 滨	HARBIN	4 021	3 419	17.6
上　　海	SHANGHAI	121 791	131 698	-7.5
南　　京	NANJING	14 446	12 061	19.8
无　　锡	WUXI	7 624	6 537	16.6
苏　　州	SUZHOU	13 488	10 504	28.4
南　　通	NANTONG	5 057	4 547	11.2
连 云 港	LIANYUNGANG	773	387	99.7
杭　　州	HANGZHOU	21 002	20 078	4.6
宁　　波	NINGBO	3 641	3 432	6.1
温　　州	WENZHOU	2 035	1 993	2.1
合　　肥	HEFEI	1 371	1 192	15.0
黄　　山	HUANGSHAN	2 101	3 141	-33.1
福　　州	FUZHOU	9 408	6 655	41.4
厦　　门	XIAMEN	23 610	24 149	-2.2
泉　　州	QUANZHOU	22 517	20 735	8.6

3－5 续表

城市名称 NAME OF CITY		1998 年 1998	1997 年 1997	增长(%) GROWTH (%)
漳　　州	ZHANGZHOU	2 556	3 288	－22.3
南　　昌	NANCHANG	1 743	1 478	17.9
九　　江	JIUJIANG	199	801	－75.2
济　　南	JINAN	2 767	2 870	－3.6
青　　岛	QINGDAO	10 230	9 803	4.4
烟　　台	YANTAI	4 708	3 152	49.4
威　　海	WEIHAI	2 131	1 955	9.0
郑　　州	ZHENGZHOU	4 016	3 009	33.5
洛　　阳	LUOYANG	2 143	1 627	31.7
武　　汉	WUHAN	6 429	11 060	－41.9
长　　沙	CHANGSHA	9 200	10 000	－8.0
广　　州	GUANGZHOU	106 320	102 156	4.1
深　　圳	SHENZHEN	98 530	93 006	5.9
珠　　海	ZHUHAI	33 234	32 907	1.0
汕　　头	SHANTOU	10 190	9 914	2.8
湛　　江	ZHANJIANG	939	910	3.2
中　　山	ZHONGSHAN	6 905	6 721	2.7
南　　宁	NANNING	707	880	－19.7
桂　　林	GUILIN	11 102	14 014	－20.8
北　　海	BEIHAI	263	248	6.0
海　　口	HAIKOU	3 899	6 000	－35.0
三　　亚	SANYA	3 274	2 741	19.4
重　　庆	CHONGQING	8 837	10 548	－16.2
成　　都	CHENGDU	6 832	6 206	10.1
贵　　阳	GUIYANG	1 201	2 205	－45.5
昆　　明	KUNMING	10 032	15 666	－36.0
拉　　萨	LHASA	2 307	2 300	0.3
西　　安	XI'AN	19 106	20 092	－4.9
兰　　州	LANZHOU	944	1 174	－19.6
西　　宁	XINING	191	210	－9.0
银　　川	YINCHUAN	122	101	20.8
乌鲁木齐	URUMQI	4 547	3 350	35.7

3-6 1998年海外旅游者人均天消费情况
THE AVERAGE DAILY PER CAPITA EXPENDITURE BY INTERNATIONAL TOURISTS 1998

单位:美元/人天
UNIT: US $ /DAILY PER CAPITA

地区 LOCALITY	消费 EXPEN-DITURE	外国人 FOREIGN-ERS	华侨 OVERSEAS CHINESE	香港同胞 HONGKONG	澳门同胞 MACAU	台湾同胞 TAIWAN PROVINCE
总平均 AVERAGE TOTAL	**133.87**	**141.63**	**134.46**	**117.73**	**94.22**	**127.15**
北京 BEIJING	216.46	215.93	216.23	216.67	212.13	230.18
天津 TIANJIN	187.55	191.33	182.12	180.61	160.99	165.54
河北 HEBEI	110.29	107.27	163.65	115.18	99.40	125.88
山西 SHANXI	151.11	158.87	150.45	94.88	132.62	154.66
内蒙古 INNERMONGOLIA	166.58	164.06	-	235.35	-	167.93
辽宁 LIAONING	183.24	182.68	172.62	183.83	185.39	190.88
吉林 JILIN	165.43	164.73	171.25	160.26	180.00	173.58
黑龙江 HEILONGJIANG	158.55	158.43	161.35	159.17	174.12	156.40
上海 SHANGHAI	211.16	212.59	210.89	197.10	191.07	217.82
江苏 JIANGSU	186.58	186.68	220.67	181.56	163.80	191.83
浙江 ZHEJIANG	184.79	186.30	167.82	187.90	165.53	190.84
安徽 ANHUI	155.61	152.76	162.60	169.84	182.84	157.76
福建 FUJIAN	151.93	162.53	162.05	117.24	115.42	152.81
江西 JIANGXI	153.02	164.00	151.69	134.83	160.42	143.35
山东 SHANDONG	180.74	187.37	182.43	170.48	160.10	167.28
河南 HENAN	125.19	124.68	135.48	125.53	143.24	114.84
湖北 HUBEI	162.87	166.12	127.92	174.92	155.42	146.59
湖南 HUNAN	149.12	152.61	154.10	157.84	148.38	132.79
广东 GUANGDONG	135.10	151.93	136.34	110.49	110.88	144.79
广西 GUANGXI	136.30	138.75	151.73	124.12	79.73	140.58
海南 HAINAN	153.72	161.29	140.55	146.17	140.95	153.39
重庆 CHONGQING	159.65	157.73	126.72	166.53	202.17	167.29
四川 SICHUAN	162.62	167.40	147.52	168.30	165.95	138.21
贵州 GUIZHOU	149.66	149.05	157.96	150.97	131.82	151.86
云南 YUNNAN	146.39	143.24	132.44	153.43	166.33	164.53
西藏 TIBET	145.79	151.94	84.80	65.59	160.00	31.73
陕西 SHAANXI	150.54	152.44	173.80	145.97	156.39	118.01
甘肃 GANSU	141.67	141.64	163.14	119.92	94.16	142.45
青海 QINGHAI	110.22	112.73	35.74	99.47	76.71	115.38
宁夏 NINGXIA	109.45	114.94	139.45	136.75	-	83.87
新疆 XINJIANG	148.91	151.35	150.09	136.63	141.72	129.50

资料来源:1998年"海外旅游者在华花费情况抽样调查"

SOURCE: THE 1998 SAMPLING OF EXPENDITURES BY INTERNATIONAL TOURISTS IN CHINA

3－7 1998年海外旅游者

BREAKDOWN OF THE AVERAGE DAILY PER CAPITA

地　区 LOCALITY	消　费 (美元/人天) EXPENDITURE (US $ /DPC)	人均天消费构成(%)		
		长途交通 LONG－DISTANCE TRANSPORTATION	游　览 SIGHTSEEING	住　宿 ACCOMMO－DATION
总平均 AVERAGE TOTAL	**133.87**	**31.1**	**2.7**	**14.0**
北　京 BEIJING	216.46	33.6	2.4	14.7
天　津 TIANJIN	187.55	42.2	3.3	20.7
河　北 HEBEI	110.29	28.6	2.8	13.6
山　西 SHANXI	151.11	36.1	2.9	12.3
内蒙古 INNERMONGOLIA	166.58	26.0	0.6	5.3
辽　宁 LIAONING	183.24	29.8	2.5	16.8
吉　林 JILIN	165.43	24.6	3.1	12.8
黑龙江 HEILONGJIANG	158.55	24.8	2.0	11.8
上　海 SHANGHAI	211.16	24.9	2.3	13.8
江　苏 JIANGSU	186.58	24.2	2.6	18.2
浙　江 ZHEJIANG	184.79	29.3	2.1	14.9
安　徽 ANHUI	155.61	25.8	2.5	14.5
福　建 FUJIAN	151.93	35.7	2.7	13.6
江　西 JIANGXI	153.02	25.0	2.5	12.0
山　东 SHANDONG	180.74	34.5	3.1	13.0
河　南 HENAN	125.19	25.9	2.7	15.0
湖　北 HUBEI	162.87	23.0	2.5	14.2
湖　南 HUNAN	149.12	29.7	3.2	14.1
广　东 GUANGDONG	135.10	35.6	3.0	12.5
广　西 GUANGXI	136.30	30.6	4.2	16.4
海　南 HAINAN	153.72	27.7	2.7	14.2
重　庆 CHONGQING	159.65	29.5	2.0	11.9
四　川 SICHUAN	162.62	32.8	2.8	19.1
贵　州 GUIZHOU	149.66	27.3	1.7	14.3
云　南 YUNNAN	146.39	34.5	3.0	13.0
西　藏 TIBET	145.79	29.3	1.3	15.0
陕　西 SHAANXI	150.54	27.0	2.3	12.8
甘　肃 GANSU	141.67	31.4	2.9	15.0
青　海 QINGHAI	110.22	29.9	3.3	20.5
宁　夏 NINGXIA	109.45	29.0	4.4	15.5
新　疆 XINJIANG	148.91	26.6	2.6	11.6

资料来源:1998年"海外旅游者在华花费情况抽样调查"

SOURCE: THE 1998 SAMPLING OF EXPENDITURES BY INTERNATIONAL TOURISTS IN CHINA

人均天消费构成

EXPENDITURE BY INTERNATIONAL TOURISTS 1998

BREAKDOWN OF EXPENDITURE （%）

餐饮 FOOD & BEVERAGE	购物 SHOPPING	娱乐 ENTER－TAINMENT	邮电通讯 COMMU－NICATION	市内交通 LOCAL TRAN－SPORTATION	其他服务 OTHERS
9.6	**22.1**	**4.9**	**5.0**	**1.9**	**8.7**
8.9	16.8	4.9	4.6	2.0	12.1
7.4	7.2	5.5	3.7	1.5	8.5
9.0	20.3	4.8	8.6	2.5	9.8
9.5	13.4	5.4	6.5	2.3	11.6
5.1	46.8	2.5	7.6	0.7	5.4
11.5	18.3	5.4	3.9	2.5	9.3
10.1	28.3	5.3	4.1	1.7	10.0
9.4	37.0	3.7	5.3	1.6	4.4
9.8	29.5	4.8	4.2	2.0	8.7
10.8	24.0	4.9	5.4	2.2	7.7
9.1	23.5	4.5	5.3	1.5	9.8
10.2	27.3	4.7	5.3	1.8	7.9
9.2	16.9	7.3	4.2	1.7	8.7
8.8	32.8	4.9	4.4	2.0	7.6
9.5	19.2	5.6	5.5	1.9	7.7
10.4	26.6	4.9	6.6	2.1	5.8
9.4	31.5	5.3	5.2	1.8	7.1
10.0	16.8	5.0	5.1	2.4	13.7
9.4	18.6	5.4	3.8	1.8	9.9
11.0	18.3	5.9	5.4	2.3	5.9
11.1	18.4	5.6	4.8	1.8	13.7
8.2	29.9	3.1	5.1	1.5	8.8
9.8	14.9	4.8	5.7	2.3	7.8
9.5	28.4	2.5	6.1	0.9	9.3
9.1	17.4	5.7	6.0	1.8	9.5
9.9	19.9	9.6	4.0	1.7	9.3
9.7	29.7	4.0	5.4	1.8	7.3
10.1	22.1	5.0	5.5	2.2	5.8
13.4	11.6	6.3	6.5	2.2	6.3
9.8	17.9	6.3	6.7	2.5	7.9
8.5	39.1	2.5	2.6	1.4	5.1

四、旅行社外联情况

4. INTERNATIONAL TOURISTS RECEIVED BY TRAVEL AGENCIES

4-1 1997~1998年全国旅行社外联
TOURISTS RECEIVED BY

	1998年总人数 1998 TOTAL	外国人 FOR-EIGNERS	华侨 OVERSEAS CHINESE	港澳同胞 HONGKONG & MACAU	台湾同胞 TAIWAN PROVINCE
来华旅游入境人数 VISITOR ARRIVALS	**63 478 401**	**7 107 747**	**120 704**	**54 075 348**	**2 174 602**
1.过夜旅游者人数 TOURISTS(OVERNIGHT VISITORS)	25 072 863	5 598 326	120 704	17 400 837	1 952 996
# 旅行社外联人数 BY TRAVEL AGENCIES	2 900 134	1 757 048	79 843	786 752	276 491
(1)中国国际旅行社 BY CITS	774 543	610 491	1 876	139 899	22 277
(2)中国旅行社 BY CTS	537 877	189 119	13 831	267 006	67 921
(3)中国青年旅行社 BY CYTS	357 571	320 921	20 123	4 512	12 015
(4)其他旅行社 BY OTHERS	1 230 143	636 517	44 013	375 335	174 278
2.一日游游客人数 SAME-DAY VISITORS	38 405 538	1 509 421	0	36 674 511	221 606

* 旅行社外联人数:此处指旅行社自主招徕的海外旅游者人数,与以往年度的"旅行社接待人数"在统计口径上是一致的。下同。

资料来源:公安部、国家旅游局

SOURCE:MINISTRY OF PUBLIC SECURITY,NATIONAL TOURISM ADMINISTRATION

NOTES: ** CITS: CHINA INTERNATIONAL TRAVEL SERVICE

*** CTS: CHINA TRAVEL SERVICE

**** CYTS:CHINA YOUTH TRAVEL SERVICE

海外旅游者人数
TRAVEL AGENCIES **1997 – 1998**

单位：人
UNIT : PERSON

1997 年 总人数 1997 TOTAL	外国人 FOR－EIGNERS	华　侨 OVERSEAS CHINESE	港澳同胞 HONG KONG & MACAU	台湾同胞 TAIWAN PROVINCE	1998 年比 1997 年 增　长 (%) GROWTH (%)
57 587 923	**7 428 006**	**99 004**	**47 943 337**	**2 117 576**	**10.2**
23 766 856	6 524 179	99 004	15 029 907	2 113 766	5.5
3 038 255	1 975 782	81 085	710 989	270 399	－4.5
884 512	801 137	0	64 097	19 278	－12.4
669 429	286 171	30 814	278 488	73 956	－19.7
342 851	287 206	29 771	6 981	18 893	4.3
1 141 463	601 268	20 500	361 423	158 272	7.8
33 821 067	903 827	0	32 913 430	3 810	13.6

4-2 1998年旅行社外联海

TOURISTS RECEIVED BY TRAVEL

地　区 LOCALITY		1998年总计 TOTAL,1998			外国人 FOREIGNERS		
		人　数（人）ARRIVAL	人天数（人天）NIGHTS	平均停留（天）AVERAGE STAY	人　数（人）ARRIVAL	人天数（人天）NIGHTS	平均停留（天）AVERAGE STAY
总　计	**TOTAL**	**2 900 134**	**11 243 783**	**3.88**	**1 757 048**	**7 723 585**	**4.40**
北　京	BEIJING	852 093	4 061 670	4.77	736 203	3 671 199	4.99
天　津	TIANJIN	17 687	78 363	4.43	17 125	76 590	4.47
河　北	HEBEI	10 878	58 095	5.34	4 820	32 568	6.76
山　西	SHANXI	10 286	35 994	3.50	7 492	26 709	3.57
内蒙古	INNERMONGOLIA	70 229	138 995	1.98	70 229	138 995	1.98
辽　宁	LIAONING	26 187	92 670	3.54	22 356	75 125	3.36
吉　林	JILIN	3 328	19 673	5.91	3 151	18 383	5.83
黑龙江	HEILONGJIANG	124 718	273 559	2.19	122 406	263 763	2.15
上　海	SHANGHAI	228 700	975 947	4.27	193 495	856 041	4.42
江　苏	JIANGSU	135 743	738 937	5.44	70 785	384 480	5.43
浙　江	ZHEJIANG	106 516	551 654	5.18	52 277	293 654	5.62
安　徽	ANHUI	12 549	92 278	7.35	3 067	25 260	8.24
福　建	FUJIAN	124 624	542 735	4.35	43 024	255 055	5.93
江　西	JIANGXI	4 288	23 062	5.38	1 218	8 640	7.09
山　东	SHANDONG	33 671	234 422	6.96	23 056	155 439	6.74
河　南	HENAN	25 979	125 859	4.84	9 638	83 650	8.68
湖　北	HUBEI	10 388	50 157	4.83	8 091	39 941	4.94
湖　南	HUNAN	11 021	63 999	5.81	3 953	26 434	6.69
广　东	GUANGDONG	734 087	1 604 154	2.19	156 485	355 612	2.27
广　西	GUANGXI	80 987	242 650	3.00	32 918	101 146	3.07
海　南	HAINAN	68 390	227 061	3.32	13 930	53 839	3.86
重　庆	CHONGQING	9 948	33 998	3.42	5 260	13 059	2.48
四　川	SICHUAN	16 569	104 981	6.34	11 085	65 261	5.89
贵　州	GUIZHOU	9 448	57 272	6.06	2 992	15 944	5.33
云　南	YUNNAN	40 235	144 238	3.58	26 454	99 378	3.76
西　藏	TIBET	12 563	105 116	8.37	12 053	101 900	8.45
陕　西	SHAANXI	64 090	304 095	4.74	53 374	261 093	4.89
甘　肃	GANSU	3 587	34 955	9.74	2 332	22 917	9.83
青　海	QINGHAI	222	2 055	9.26	138	1 776	12.87
宁　夏	NINGXIA	231	1 578	6.83	185	1 085	5.86
新　疆	XINJIANG	50 892	223 561	4.39	47 456	198 649	4.19

外旅游者情况(按地区分)
AGENCIES & LOCALITY 1998

单位:人、天

UNIT : PERSON、DAY

华侨 OVERSEAS CHINESE			港澳同胞 HONG KONG & MACAU			台湾同胞 TAIWAN PROVINCE		
人数(人) ARRIVAL	人天数(人天) NIGHTS	平均停留(天) AVERAGE STAY	人数(人) ARRIVAL	人天数(人天) NIGHTS	平均停留(天) AVERAGE STAY	人数(人) ARRIVAL	人天数(人天) NIGHTS	平均停留(天) AVERAGE STAY
79 843	**289 724**	**3.63**	**786 752**	**2 042 142**	**2.60**	**276 491**	**1 188 332**	**4.30**
7 915	28 851	3.65	73 677	203 582	2.76	34 298	158 038	4.61
0	0	-	243	509	2.09	319	1 264	3.96
0	0	-	6 032	25 391	4.21	26	136	5.23
44	60	1.36	1 265	3 664	2.90	1 485	5 561	3.74
0	0	-	0	0	-	0	0	-
308	1 609	5.22	2 605	10 963	4.21	918	4 973	5.42
71	525	7.39	14	52	3.71	92	713	7.75
342	2 156	6.30	742	1 618	2.18	1 228	6 022	4.90
6 803	26 876	3.95	12 256	31 950	2.61	16 146	61 080	3.78
2 287	11 281	4.93	42 704	227 754	5.33	19 967	115 422	5.78
6 497	36 903	5.68	20 664	92 312	4.47	27 078	128 785	4.76
17	269	15.82	1 345	6 427	4.78	8 120	60 322	7.43
6 153	37 651	6.12	36 848	58 438	1.59	38 599	191 591	4.96
240	573	2.39	2 277	10 456	4.59	553	3 393	6.14
156	439	2.81	8 206	60 811	7.41	2 253	17 733	7.87
6 780	7 732	1.14	7 994	26 244	3.28	1 567	8 233	5.25
359	757	2.11	598	1 394	2.33	1 340	8 065	6.02
738	1 464	1.98	2 044	4 542	2.22	4 286	31 559	7.36
36 253	111 434	3.07	477 727	977 205	2.05	63 622	159 903	2.51
667	2 587	3.88	25 756	90 614	3.52	21 646	48 303	2.23
1 979	8 774	4.43	45 739	132 182	2.89	6 742	32 266	4.79
642	1 215	1.89	2 560	12 687	4.96	1 486	7 037	4.74
380	2 505	6.59	319	2 393	7.50	4 785	34 822	7.28
0	0	-	2 288	11 837	5.17	4 168	29 491	7.08
58	134	2.31	5 231	17 793	3.40	8 492	26 933	3.17
19	152	8.00	186	1 036	5.57	305	2 028	6.65
516	2 105	4.08	6 487	22 858	3.52	3 713	18 039	4.86
197	2 230	11.32	496	4 065	8.20	562	5 743	10.22
1	3	3.00	0	0	-	83	276	3.33
0	0	-	46	493	10.72	0	0	-
421	1 439	3.42	403	2 872	7.13	2 612	20 601	7.89

4-3 1998年各月中国国际旅行社
MONTHLY BREAKDOWN OF TOURISTS

月　份 MONTH	总人数 (人) ARRI- VALS (PERSON)	外国人 FOREIG- NERS	华　侨 OVER- SEAS CHINESE	港澳同胞 HONG KONG & MACAU	台湾同胞 TAIWAN PROVINCE
全　年 WHOLE YEAR	**774 543**	**610 491**	**1 876**	**139 899**	**22 277**
一　月　JAN.	35 553	26 273	0	7 901	1 379
二　月　FEB.	44 892	30 924	17	12 620	1 331
三　月　MAR.	57 382	48 606	21	7 324	1 431
四　月　APR.	70 111	50 407	29	17 697	1 978
五　月　MAY	60 934	50 790	3	7 640	2 501
六　月　JUNE	52 641	43 393	27	7 678	1 543
七　月　JULY	61 586	46 691	15	12 861	2 019
八　月　AUG.	84 543	57 859	44	23 834	2 806
九　月　SEP.	63 418	57 387	120	3 721	2 190
十　月　OCT.	82 207	68 433	40	11 624	2 110
十一月　NOV.	73 264	61 993	3	9 638	1 630
十二月　DEC.	88 012	67 735	1 557	17 361	1 359

注:外联海外旅游者人数指旅行社自主招徕的海外旅游者人数。

资料来源:中国国际旅行社集团

SOURCE: CHINA INTERNATIONAL TRAVEL SERVICE

NOTES: * CITS: CHINA INTERNATIONAL TRAVEL SERVICE

** AVERAGE STAY (DAYS) OF VISITOR ARRIVALS ON GROUP TOURS

集团外联海外旅游者人数
RECEIVED BY ＊ CITS 1998

团体人均停留(天) ＊＊ AVERAGE (DAYS)	1998年比1997年增长(%) GROWTH (%)					团体人均停留增减(天) ＊＊ INCREASE (DAYS)
	总人数 ARRIVALS	外国人 FOREIGNERS	华侨 OVERSEAS CHINESE	港澳同胞 HONG KONG & MACAU	台湾同胞 TAIWAN PROVINCE	
4.7	**-12.4**	**-23.8**	**-**	**118.3**	**15.6**	**0.2**
3.7	-10.3	-30.4	-	608.0	87.1	0.5
3.5	-16.7	-33.4	-	104.9	-0.3	0.1
4.7	-36.2	-41.2	-	35.1	-25.7	0.2
4.8	-11.3	-31.4	-	451.8	-16.6	0.2
5.3	-21.7	-29.2	-	95.2	11.7	0.0
4.6	-26.7	-32.7	-	27.7	14.8	0.4
4.6	-13.9	-26.1	-	82.4	56.4	0.1
5.0	-8.8	-27.3	-	110.5	57.6	0.5
6.5	-25.8	-25.3	-	-45.4	16.9	0.1
5.3	-9.4	-17.0	-	87.4	0.1	0.2
4.3	-1.9	-11.1	-	170.2	18.8	0.5
3.6	53.9	27.8	-	423.4	51.3	0.6

4-4 1998年各月中国国际旅行社
MONTHLY BREAKDOWN OF FOREIGN TOURISTS

国籍 NATIONALITY		一月 JAN.	二月 FEB.	三月 MAR.	四月 APR.	五月 MAY	六月 JUNE
总计	**TOTAL**	**26 273**	**30 924**	**48 606**	**50 407**	**50 790**	**43 393**
日本	JAPAN	6 835	10 166	12 043	12 715	14 639	12 523
韩国	KOREA	381	507	167	1 058	1 074	1 027
蒙古	MONGOLIA	0	0	0	0	0	0
印度尼西亚	INDONESIA	151	52	64	247	143	138
马来西亚	MALAYSIA	445	365	309	676	1 043	471
菲律宾	PHILIPPINES	85	40	24	146	104	61
新加坡	SINGAPORE	866	377	907	1 189	573	1 300
泰国	THAILAND	1 193	75	137	1 861	736	448
其他	OTHERS	144	278	491	556	552	438
亚洲小计	**ASIA**	**10 100**	**11 860**	**14 142**	**18 448**	**18 864**	**16 406**
英国	U.K.	789	1 627	2 495	2 723	1 889	2 365
法国	FRANCE	684	1 138	1 815	2 484	2 637	715
德国	GERMANY	2 359	3 704	7 404	3 580	2 779	1 554
意大利	ITALY	703	455	1 754	1 792	1 165	1 089
瑞士	SWITZERLAND	343	358	338	724	578	308
瑞典	SWEDEN	78	229	179	407	127	134
荷兰	NETHERLANDS	164	440	648	1 248	973	643
俄罗斯	RUSSIA	3 327	2 223	2 965	2 799	1 767	1 707
其他	OTHERS	1 480	1 694	3 006	2 334	1 874	2 301
欧洲小计	**EUROPE**	**9 927**	**11 868**	**20 604**	**18 091**	**13 789**	**10 816**
美国	U.S.A.	1 179	4 704	9 909	8 964	12 101	10 461
加拿大	CANADA	142	244	697	359	774	369
其他	OTHERS	141	74	33	283	316	153
美洲小计	**AMERICA**	**1 462**	**5 022**	**10 639**	**9 606**	**13 191**	**10 983**
澳大利亚	AUSTRALIA	651	304	915	861	876	897
新西兰	NEW ZEALAND	84	60	62	185	175	82
其他	OTHERS	0	0	0	0	0	0
大洋洲小计	**OCEANIA**	**735**	**364**	**977**	**1 046**	**1 051**	**979**
非洲小计	**AFRICA**	**0**	**0**	**2**	**0**	**34**	**0**
其他	**OTHERS**	**4 049**	**1 810**	**2 242**	**3 216**	**3 861**	**4 209**

注:外联外国旅游者人数指旅行社自主招徕的外国旅游者人数。

资料来源:中国国际旅行社集团

SOURCE:CHINA INTERNATIONAL TRAVEL SERVICE

NOTE: * CITS:CHINA INTERNATIONAL TRAVEL SERVICE

集团外联外国人人数(按国籍分)

RECEIVED BY ＊CITS & NATIONALITY **1998**

单位:人

UNIT : PERSON

七　月 JULY	八　月 AUG.	九　月 SEP.	十　月 OCT.	十一月 NOV.	十二月 DEC.	合　计 TOTAL	占总数比重(%) P.C. TOTAL	比上年增长(%) GROWTH (%)
46 691	**57 859**	**57 387**	**68 433**	**61 993**	**67 735**	**610 491**	**100.0**	**-23.8**
15 315	18 611	15 175	19 151	23 478	27 867	188 518	30.9	6.0
1 443	1 705	1 139	1 397	521	532	10 951	1.8	-21.3
0	0	0	0	0	0	0	0.0	-
109	202	106	458	105	199	1 974	0.3	-74.4
600	563	1 097	515	684	2 747	9 515	1.6	-15.4
7	55	43	56	66	74	761	0.1	1 851.3
483	425	534	520	915	3 052	11 141	1.8	-16.5
291	440	642	1 146	664	1 007	8 640	1.4	45.0
445	317	897	817	348	236	5 519	0.9	-2.0
18 693	**22 318**	**19 633**	**24 060**	**26 781**	**35 714**	**237 019**	**38.8**	**0.6**
1 272	3 276	3 291	3 397	1 779	957	25 860	4.2	12.9
1 713	2 702	2 210	1 625	1 641	948	20 312	3.3	12.8
1 939	2 580	2 938	2 381	3 681	3 664	38 563	6.3	12.4
1 326	3 903	2 175	1 472	1 428	1 392	18 654	3.1	37.5
286	262	425	459	238	367	4 686	0.8	-14.1
141	33	231	195	156	226	2 136	0.3	-23.2
1 331	1 094	1 731	1 539	864	438	11 113	1.8	24.0
1 285	3 408	1 970	2 899	3 877	6 963	35 190	5.8	-43.4
2 798	3 498	2 018	3 318	2 716	2 844	29 881	4.9	11.8
12 091	**20 756**	**16 989**	**17 285**	**16 380**	**17 799**	**186 395**	**30.5**	**-4.4**
8 526	7 832	12 300	18 407	11 964	8 928	115 275	18.9	7.3
336	326	584	1 012	630	432	5 905	1.0	67.1
426	171	403	670	135	44	2 849	0.5	-29.7
9 288	**8 329**	**13 287**	**20 089**	**12 729**	**9 404**	**124 029**	**20.3**	**7.8**
781	1 080	1 521	884	665	604	10 039	1.7	6.3
163	64	122	158	189	12	1 356	0.2	86.3
0	0	0	0	0	0	0	0.0	-
944	**1 144**	**1 643**	**1 042**	**854**	**616**	**11 395**	**1.9**	**12.0**
3	**0**	**0**	**36**	**0**	**24**	**99**	**0.1**	**-**
5 672	**5 312**	**5 835**	**5 921**	**5 249**	**4 178**	**51 554**	**8.4**	**-79.0**

4-5 1998年各月中国旅行社

MONTHLY BREAKDOWN OF TOURISTS

月 份 MONTH	总人数 (人) ARRI- VALS (PERSON)	外国人 FOREIG- NERS	华 侨 OVER- SEAS CHINESE	港澳同胞 HONG KONG & MACAU	台湾同胞 TAIWAN PROVINCE
全 年 **WHOLE YEAR**	**537 877**	**189 119**	**13 831**	**267 006**	**67 921**
一 月 JAN.	40 296	8 681	399	24 985	6 231
二 月 FEB.	31 610	7 855	204	19 302	4 249
三 月 MAR.	36 983	16 398	382	15 460	4 743
四 月 APR.	53 356	16 888	1 881	27 361	7 226
五 月 MAY	44 295	16 461	1 072	21 716	5 046
六 月 JUNE	35 410	14 770	1 178	14 625	4 837
七 月 JULY	41 381	13 339	698	21 642	5 702
八 月 AUG.	49 821	14 738	611	25 234	9 238
九 月 SEP.	42 987	19 983	1 234	16 075	5 695
十 月 OCT.	60 864	19 813	2 817	31 717	6 517
十一月 NOV.	50 226	19 935	1 452	24 003	4 836
十二月 DEC.	50 648	20 258	1 903	24 886	3 601

注:外联海外旅游者人数指旅行社自主招徕的海外旅游者人数。

资料来源:中国旅行社集团

SOURCE:CHINA TRAVEL SERVICE

NOTES: * CTS: CHINA TRAVEL SERVICE

* * AVERAGE STAY (DAYS) OF VISITOR ARRIVALS ON GROUP TOURS

集团外联海外旅游者人数

RECEIVED BY ＊ CTS **1998**

团体人均停留（天）＊＊ AVERAGE (DAYS)	1998年比1997年增长(%) GROWTH (%)					团体人均停留增减（天）＊＊ INCREASE (DAYS)
	总人数 ARRIVALS	外国人 FOREIGNERS	华侨 OVERSEAS CHINESE	港澳同胞 HONG KONG & MACAU	台湾同胞 TAIWAN PROVINCE	
3.6	**-19.7**	**-33.9**	**-55.1**	**-4.1**	**-8.2**	**-0.4**
3.0	16.8	-46.3	-85.5	114.4	57.9	0.4
3.1	-35.9	-49.0	-95.8	-17.0	-27.2	-0.3
3.8	-38.0	-45.8	-83.5	-26.1	-22.5	0
4.1	-8.1	-40.2	-45.3	44.8	-3.3	0.1
3.8	-36.0	-55.4	-57.8	-3.3	-31.6	-0.4
4.1	-35.4	-31.6	-68.8	-40.6	-0.4	0.4
3.8	-31.1	-54.1	-63.2	-3.7	-14.0	-0.4
3.5	-11.6	-17.2	-36.5	-17.7	32.6	-0.7
2.7	-26.9	-31.6	-49.6	-17.3	-26.5	-1.6
3.4	-1.3	-16.0	-3.3	11.7	-4.0	-0.8
3.0	-1.5	9.1	-3.1	-13.4	38.7	-1.5
3.2	-9.3	3.0	28.5	-11.1	-46.4	-0.5

4-6 1998年各月中国旅行社集

MONTHLY BREAKDOWN OF FOREIGN TOURISTS

国籍 NATIONALITY		一月 JAN.	二月 FEB.	三月 MAR.	四月 APR.	五月 MAY	六月 JUNE
总计	**TOTAL**	**8 681**	**7 855**	**16 398**	**16 888**	**16 461**	**14 770**
日本	JAPAN	2 250	1 870	4 921	2 468	3 018	2 754
韩国	KOREA	218	119	129	165	285	221
蒙古	MONGOLIA	0	0	0	0	0	0
印度尼西亚	INDONESIA	518	259	48	50	119	56
马来西亚	MALAYSIA	315	458	795	1 357	1 753	682
菲律宾	PHILIPPINES	116	73	260	780	529	93
新加坡	SINGAPORE	1 051	650	2 212	654	988	2 991
泰国	THAILAND	882	278	406	3 062	1 201	752
其他	OTHERS	994	951	1 130	321	258	587
亚洲小计	**ASIA**	**6 344**	**4 658**	**9 901**	**8 857**	**8 151**	**8 136**
英国	U.K.	101	612	377	745	852	418
法国	FRANCE	55	113	259	541	607	729
德国	GERMANY	61	34	51	63	15	24
意大利	ITALY	23	2	201	10	11	11
瑞士	SWITZERLAND	203	116	2	37	60	145
瑞典	SWEDEN	204	196	987	966	1 078	565
荷兰	NETHERLANDS	52	54	44	108	135	96
俄罗斯	RUSSIA	12	282	141	230	278	300
其他	OTHERS	430	656	1 458	1 064	1 656	1 196
欧洲小计	**EUROPE**	**1 141**	**2 065**	**3 520**	**3 764**	**4 692**	**3 484**
美国	U.S.A.	616	426	1 126	1 863	1 410	1 488
加拿大	CANADA	114	326	339	479	423	291
其他	OTHERS	23	23	104	82	67	96
美洲小计	**AMERICA**	**753**	**775**	**1 569**	**2 424**	**1 900**	**1 875**
澳大利亚	AUSTRALIA	206	101	284	263	220	508
新西兰	NEW ZEALAND	21	49	96	33	31	45
其他	OTHERS	1	0	0	0	0	0
大洋洲小计	**OCEANIA**	**228**	**150**	**380**	**296**	**251**	**553**
非洲小计	**AFRICA**	**16**	**1**	**5**	**18**	**14**	**25**
其他	**OTHERS**	**199**	**206**	**1 023**	**1 529**	**1 453**	**697**

注:外联外国旅游者人数指旅行社自主招徕的外国旅游者人数。

资料来源:中国旅行社集团

SOURCE: CHINA TRAVEL SERVICE

NOTE: * CTS: CHINA TRAVEL SERVICE

团外联外国人人数(按国籍分)

RECEIVED BY * CTS & NATIONALITY 1998

单位:人

UNIT : PERSON

七 月 JULY	八 月 AUG.	九 月 SEP.	十 月 OCT.	十一月 NOV.	十二月 DEC.	合 计 TOTAL	占总数比重(%) P.C. TOTAL	比上年增长(%) GROWTH (%)
13 339	**14 738**	**19 983**	**19 813**	**19 935**	**20 258**	**189 119**	**100.0**	**-33.9**
4 114	3 230	4 409	3 735	4 692	2 606	40 067	21.2	-7.2
388	454	285	387	252	279	3 182	1.7	-90.9
0	0	0	0	0	0	0	0.0	-
111	21	95	113	90	302	1 782	0.9	-85.6
1 047	1 033	2 045	1 517	2 479	2 013	15 494	8.2	-4.2
52	105	192	319	207	229	2 955	1.6	-21.8
487	1 226	1 734	1 861	1 965	3 966	19 785	10.5	1.0
546	675	1 117	2 110	2 109	2 133	15 271	8.1	-5.1
532	885	405	542	356	1 582	8 543	4.5	-53.7
7 277	**7 629**	**10 282**	**10 584**	**12 150**	**13 110**	**107 079**	**56.6**	**-34.9**
706	848	1 350	1 138	480	197	7 824	4.1	16.7
446	434	402	711	144	193	4 634	2.5	-12.0
42	102	26	90	68	51	627	0.3	-62.1
14	24	11	5	14	16	342	0.2	125.0
170	150	8	30	25	201	1 147	0.6	-73.7
295	536	484	601	562	15	6 489	3.4	-22.5
6	118	62	182	13	21	891	0.5	26.2
302	177	160	0	21	24	1 927	1.0	-70.9
1 211	1 188	1 893	1 291	1 369	868	14 280	7.6	-28.4
3 192	**3 577**	**4 396**	**4 048**	**2 696**	**1 586**	**38 161**	**20.2**	**-29.0**
1 209	1 693	1 887	2 167	1 958	1 204	17 047	9.0	13.0
951	456	305	627	457	253	5 021	2.7	30.3
29	35	84	75	81	12	711	0.4	-25.9
2 189	**2 184**	**2 276**	**2 869**	**2 496**	**1 469**	**22 779**	**12.1**	**14.5**
75	203	450	400	559	192	3 461	1.8	-7.0
31	47	24	23	163	36	599	0.3	-26.6
1	0	0	0	0	0	2	0.0	-60.0
107	**250**	**474**	**423**	**722**	**228**	**4 062**	**2.1**	**-10.6**
19	**0**	**22**	**7**	**4**	**3**	**134**	**0.1**	**-48.1**
555	**1 098**	**2 533**	**1 882**	**1 867**	**3 862**	**16 904**	**8.9**	**-60.9**

4-7 1998年各月中国青年旅行社

MONTHLY BREAKDOWN OF TOURISTS

月 份 MONTH	总人数（人） ARRI-VALS (PERSON)	外国人 FOREIG-NERS	华 侨 OVER-SEAS CHINESE	港澳同胞 HONG KONG & MACAU	台湾同胞 TAIWAN PROVINCE
全 年 WHOLE YEAR	**357 571**	**320 921**	**20 123**	**4 512**	**12 015**
一 月 JAN.	23 263	20 422	0	0	2 841
二 月 FEB.	25 198	22 851	59	2 210	78
三 月 MAR.	23 347	21 947	1 315	85	0
四 月 APR.	27 304	24 729	304	219	2 052
五 月 MAY	36 894	33 742	1 178	21	1 953
六 月 JUNE	35 288	26 731	8 459	98	0
七 月 JULY	30 150	23 265	3 105	25	3 755
八 月 AUG.	35 412	31 876	1 314	1 351	871
九 月 SEP.	44 131	42 321	1 810	0	0
十 月 OCT.	30 123	27 298	2 361	284	180
十一月 NOV.	28 656	28 153	218	0	285
十二月 DEC.	17 805	17 586	0	219	0

注:外联海外旅游者人数指旅行社自主招徕的海外旅游者人数。

资料来源:中国青年旅行社集团

SOURCE:CHINA YOUTH TRAVEL SERVICE

NOTES: * CYTS: CHINA YOUTH TRAVEL SERVICE

* * AVERAGE STAY (DAYS) OF VISITOR ARRIVALS ON GROUP TOURS

集团外联海外旅游者人数

RECEIVED BY ＊ CYTS 1998

团体人均停留(天) ＊＊ AVER－AGE (DAYS)	1998年比1997年增长(%) GROWTH (%)					团体人均停留增减(天) ＊＊ INCREASE (DAYS)
	总人数 ARRIVALS	外国人 FOREIG－NERS	华侨 OVER－SEAS CHINESE	港澳同胞 HONG KONG & MACAU	台湾同胞 TAIWAN PROVINCE	
5.1	**4.3**	**11.7**	**－32.4**	**－35.4**	**－36.4**	**0.1**
5.5	12.2	29.7	－	－	－29.0	0.6
5.0	18.6	27.7	－94.6	2.3	－21.2	－0.3
5.2	－6.2	－6.3	－1.9	16.4	－	0.3
5.2	24.5	52.6	－87.3	－43.8	－30.3	－0.3
4.5	4.9	5.3	－7.4	50.0	4.6	－0.9
5.3	0.2	0.0	0.9	15.3	－	1.0
5.6	17.4	33.8	－27.0	－56.1	－5.7	0.8
5.1	7.6	11.1	－6.6	－19.6	－22.5	0.2
4.9	21.2	26.7	1.8	－	－	－0.3
4.7	－9.2	8.2	－49.5	－72.8	－91.9	－0.4
4.7	－22.3	－17.3	－89.6	－	－60.3	－0.5
5.4	－4.3	7.1	－	－85.1	－	0.4

4－8 1998年各月中国青年旅行社

MONTHLY BREAKDOWN OF FOREIGN TOURISTS

国 籍 NATIONALITY		一 月 JAN.	二 月 FEB.	三 月 MAR.	四 月 APR.	五 月 MAY	六 月 JUNE
总 计	**TOTAL**	**20 422**	**22 851**	**21 947**	**24 729**	**33 742**	**26 731**
日 本	JAPAN	12 027	13 777	12 796	14 796	20 347	15 829
韩 国	KOREA	615	521	603	427	517	527
蒙 古	MONGOLIA	0	0	0	0	0	0
印度尼西亚	INDONESIA	216	236	247	272	262	276
马来西亚	MALAYSIA	42	78	80	92	87	92
菲 律 宾	PHILIPPINES	0	0	0	0	0	0
新 加 坡	SINGAPORE	2 792	2 887	2 914	3 142	3 891	3 367
泰 国	THAILAND	205	215	307	367	402	398
其 他	OTHERS	78	81	92	102	158	164
亚洲小计	**ASIA**	**15 975**	**17 795**	**17 039**	**19 198**	**25 664**	**20 653**
英 国	U.K.	15	227	153	169	223	204
法 国	FRANCE	25	240	192	233	457	398
德 国	GERMANY	460	413	478	587	579	524
意 大 利	ITALY	203	221	241	201	251	213
瑞 士	SWITZERLAND	23	25	47	72	84	63
瑞 典	SWEDEN	56	57	82	84	90	88
荷 兰	NETHERLANDS	27	28	37	41	52	51
俄 罗 斯	RUSSIA	2 891	2 751	2 925	3 701	4 807	4 209
其 他	OTHERS	5	27	37	21	47	0
欧洲小计	**EUROPE**	**3 705**	**3 989**	**4 192**	**5 109**	**6 590**	**5 750**
美 国	U.S.A.	186	297	258	201	589	129
加 拿 大	CANADA	20	121	102	78	276	99
其 他	OTHERS	60	78	35	20	121	51
美洲小计	**AMERICA**	**266**	**496**	**395**	**299**	**986**	**279**
澳大利亚	AUSTRALIA	420	389	212	116	347	49
新 西 兰	NEW ZEALAND	36	146	100	7	102	0
其 他	OTHERS	20	36	9	0	53	0
大洋洲小计	**OCEANIA**	**476**	**571**	**321**	**123**	**502**	**49**
非洲小计	**AFRICA**	**0**	**0**	**0**	**0**	**0**	**0**
其 他	**OTHERS**	**0**	**0**	**0**	**0**	**0**	**0**

注:外联外国旅游者人数指旅行社自主招徕的外国旅游者人数。

资料来源:中国青年旅行社集团

SOURCE:CHINA YOUTH TRAVEL SERVICE

NOTE: * CYTS: CHINA YOUTH TRAVEL SERVICE

集团外联外国人人数(按国籍分)

RECEIVED BY ＊CYTS & NATIONALITY 1998

单位:人

UNIT : PERSON

七 月 JULY	八 月 AUG.	九 月 SEP.	十 月 OCT.	十一月 NOV.	十二月 DEC.	合 计 TOTAL	占总数比重(%) P.C. TOTAL	比上年增长(%) GROWTH (%)
23 265	**31 876**	**42 321**	**27 298**	**28 153**	**17 586**	**320 921**	**100.0**	**11.7**
12 710	18 246	27 587	15 920	16 534	5 796	186 365	58.1	38.8
420	417	325	487	467	325	5 651	1.8	－79.8
0	0	0	0	0	0	0	0.0	－
216	253	418	254	276	281	3 207	1.0	68.7
87	79	99	86	87	92	1 001	0.3	－70.5
0	0	0	0	0	0	0	0.0	－
3 152	2 615	2 819	3 047	3 026	3 146	36 798	11.5	183.5
396	365	378	391	387	271	4 082	1.3	－56.7
157	72	91	130	141	14	1 280	0.4	7.7
17 138	**22 047**	**31 717**	**20 315**	**20 918**	**9 925**	**238 384**	**74.4**	**24.4**
196	456	432	317	339	312	3 043	0.9	0.6
324	621	516	402	401	386	4 195	1.3	115.0
472	589	502	458	427	271	5 760	1.8	－28.0
241	412	411	309	298	392	3 393	1.0	179.0
71	92	87	66	54	84	768	0.2	161.2
65	109	96	78	71	65	941	0.3	－
64	98	87	65	63	71	684	0.2	－
4 017	6 987	6 795	4 691	5 291	5 034	54 099	16.9	－17.8
0	296	241	249	127	111	1 161	0.4	－53.7
5 450	**9 660**	**9 167**	**6 635**	**7 071**	**6 726**	**74 044**	**23.0**	**－10.6**
218	151	458	121	164	235	3 007	0.9	－69.8
104	18	436	101	0	200	1 555	0.5	－16.3
27	0	29	0	0	168	589	0.2	－37.1
349	**169**	**923**	**222**	**164**	**603**	**5 151**	**1.6**	**－59.6**
258	0	413	126	0	271	2 601	0.8	－
70	0	92	0	0	61	614	0.2	－
0	0	9	0	0	0	127	0.0	－
328	**0**	**514**	**126**	**0**	**332**	**3 342**	**1.0**	**－**
0	**0**	**0**	**0**	**0**	**0**	**0**	**0.0**	**－**
0	**0**	**0**	**0**	**0**	**0**	**0**	**0.0**	**－**

五、地方接待情况

5. DISTRIBUTION OF INTERNATIONAL TOURISTS TO LOCALITY

5－1 1997～1998年各地区
INTERNATIONAL TOURISTS

地区 LOCALITY		1998年总计 TOTAL 1998		
		人次数（人次） ARRIVALS	人天数（人天） NIGHTS	平均停留（天） AVERAGE STAY
总计	**TOTAL**	**21 910 877**	**57 924 774**	**2.64**
北京	BEIJING	2 200 900	10 996 400	5.00
天津	TIANJIN	304 887	1 039 038	3.41
河北	HEBEI	326 885	897 567	2.75
山西	SHANXI	125 051	247 660	1.98
内蒙古	INNERMONGOLIA	368 983	749 275	2.02
辽宁	LIAONING	410 654	1 412 707	3.44
吉林	JILIN	131 380	228 664	1.74
黑龙江	HEILONGJIANG	383 321	745 225	1.94
上海	SHANGHAI	1 527 118	5 767 274	3.78
江苏	JIANGSU	1 154 010	3 959 041	3.43
浙江	ZHEJIANG	819 615	1 945 681	2.37
安徽	ANHUI	184 198	320 909	1.74
福建	FUJIAN	1 217 795	4 704 775	3.86
江西	JIANGXI	114 930	289 741	2.52
山东	SHANDONG	608 209	1 204 066	1.98
河南	HENAN	274 658	742 894	2.70
湖北	HUBEI	295 634	513 569	1.74
湖南	HUNAN	348 619	1 061 227	3.04
广东	GUANGDONG	7 886 500	14 600 695	1.85
广西	GUANGXI	523 255	1 003 185	1.92
海南	HAINAN	394 211	633 975	1.61
重庆	CHONGQING	163 417	527 594	3.23
四川	SICHUAN	290 575	516 938	1.78
贵州	GUIZHOU	151 342	321 320	2.12
云南	YUNNAN	760 909	1 314 863	1.73
西藏	TIBET	96 444	226 299	2.35
陕西	SHAANXI	540 473	1 160 248	2.15
甘肃	GANSU	122 360	214 795	1.76
青海	QINGHAI	16 610	26 039	1.57
宁夏	NINGXIA	5 069	12 189	2.40
新疆	XINJIANG	162 865	540 921	3.32

接待海外旅游者情况
BY LOCALITY 1997 – 1998

1997 年总计 TOTAL 1997			1998 年比 1997 年增减 INCREASE		
人次数 (人次) ARRIVALS	人天数 (人天) NIGHTS	平均停留 (天) AVERAGE STAY	人次数 (%) ARRIVALS (%)	人天数 (%) NIGHTS (%)	平均停留 (天) AVERAGE STAY
21 847 400	**53 200 102**	**2.44**	**0.29**	**8.88**	**0.21**
2 298 368	8 433 060	3.67	–4.24	–	–
280 377	966 785	3.45	8.74	7.47	–0.04
321 690	778 500	2.42	1.61	15.29	0.33
125 320	262 016	2.09	–0.21	–5.48	–0.11
327 131	696 690	2.13	5.92	–0.13	–0.11
387 955	1 403 233	3.62	5.85	0.68	–0.18
200 433	367 612	1.83	–34.45	–37.80	–0.09
341 922	657 919	1.92	12.11	13.27	0.02
1 653 502	6 419 791	3.88	–7.64	–10.16	–0.11
1 017 019	2 347 079	2.31	–	–	–
811 468	1 927 727	2.38	1.00	0.93	0.00
290 364	432 804	1.49	–36.56	–25.85	0.25
1 150 453	4 201 853	3.65	5.85	11.97	0.21
133 443	300 154	2.25	–13.87	–3.47	0.27
585 017	1 179 471	2.02	4.00	2.10	–0.04
264 359	610 458	2.31	3.90	21.69	0.40
580 223	949 661	1.64	–49.05	–45.92	0.10
301 631	1 092 400	3.62	15.58	–2.85	–0.58
7 391 644	13 144 900	1.78	6.69	11.07	0.07
573 138	1 089 159	1.90	–8.70	–7.89	0.02
412 803	585 572	1.42	–4.50	8.27	0.19
261 189	713 280	2.73	–37.43	–26.03	0.50
255 236	528 800	2.07	13.85	–2.24	–0.29
150 234	305 556	2.03	0.74	5.16	0.09
805 421	1 364 216	1.69	–5.53	–3.62	0.03
81 800	267 300	3.27	17.90	–15.34	–0.92
539 436	1 413 464	2.62	0.19	–17.91	–0.47
116 263	203 070	1.75	5.24	5.77	0.01
12 817	21 587	1.68	29.59	20.62	–0.12
4 238	10 964	2.59	19.61	11.17	–0.18
172 506	525 021	3.04	–5.59	3.03	0.28

5－2 1998年各地区接待海外

BREAKDOWN OF INTERNATIONAL

地区 LOCALITY		外国人 FOREIGNERS 人次数（人次）ARRIVALS	人天数（人天）NIGHTS	平均停留（天）AVERAGE STAY	华 OVERSEAS 人次数（人次）ARRIVALS
总　计	**TOTAL**	**10 438 739**	**32 378 783**	**3.10**	**518 260**
北　京	BEIJING	1 781 800	9 265 400	5.20	28 300
天　津	TIANJIN	259 834	929 610	3.58	3 207
河　北	HEBEI	271 790	768 449	2.83	1 786
山　西	SHANXI	86 966	179 400	2.06	1 738
内蒙古	INNERMONGOLIA	364 562	742 460	2.04	302
辽　宁	LIAONING	318 180	1 133 063	3.56	8 951
吉　林	JILIN	115 891	204 253	1.76	2 668
黑龙江	HEILONGJIANG	340 948	657 877	1.93	195
上　海	SHANGHAI	1 175 520	4 584 516	3.90	50 696
江　苏	JIANGSU	695 537	2 249 033	3.23	30 585
浙　江	ZHEJIANG	414 273	1 003 836	2.42	41 268
安　徽	ANHUI	89 968	179 529	2.00	3 827
福　建	FUJIAN	326 787	1 044 350	3.20	47 097
江　西	JIANGXI	28 956	102 567	3.54	3 099
山　东	SHANDONG	371 792	773 825	2.08	13 870
河　南	HENAN	145 358	333 470	2.29	3 720
湖　北	HUBEI	207 465	363 414	1.75	1 928
湖　南	HUNAN	133 305	545 765	4.09	6 422
广　东	GUANGDONG	1 315 400	2 978 174	2.26	234 100
广　西	GUANGXI	280 913	566 890	2.02	6 310
海　南	HAINAN	87 102	175 831	2.02	6 229
重　庆	CHONGQING	116 248	389 117	3.35	239
四　川	SICHUAN	147 793	292 294	1.98	1 481
贵　州	GUIZHOU	67 736	146 014	2.16	153
云　南	YUNNAN	549 914	990 046	1.80	2 896
西　藏	TIBET	87 039	207 928	2.39	5 861
陕　西	SHAANXI	412 851	879 060	2.13	10 177
甘　肃	GANSU	89 721	171 329	1.91	205
青　海	QINGHAI	9 724	14 995	1.54	325
宁　夏	NINGXIA	3 704	9 229	2.49	142
新　疆	XINJIANG	141 662	497 059	3.51	483

旅游者情况(按外国人、华侨、港澳台同胞分)

TOURISTS BY LOCALITY 1998

侨 CHINESE		港澳同胞 HONG KONG & MACAU			台湾同胞 TAIWAN PROVINCE		
人天数 (人天) NIGHTS	平均停留 (天) AVERAGE STAY	人次数 (人次) ARRIVALS	人天数 (人天) NIGHTS	平均停留 (天) AVERAGE STAY	人次数 (人次) ARRIVALS	人天数 (人天) NIGHTS	平均停留 (天) AVERAGE STAY
1 738 556	**3.35**	**7 902 130**	**16 682 073**	**2.11**	**3 051 748**	**7 122 362**	**2.33**
150 000	5.30	249 500	973 100	3.90	141 300	607 900	4.30
4 684	1.46	25 827	58 767	2.28	16 019	45 977	2.87
4 121	2.31	34 929	84 477	2.42	18 380	40 520	2.20
2 928	1.68	15 223	27 810	1.83	21 124	37 522	1.78
470	1.56	1 706	2 742	1.61	2 413	3 603	1.49
37 041	4.14	39 626	123 884	3.13	43 897	118 719	2.70
2 703	1.01	5 169	10 250	1.98	7 652	11 458	1.50
477	2.45	30 424	64 490	2.12	11 754	22 381	1.90
233 202	4.60	167 600	536 320	3.20	133 302	413 236	3.10
132 213	4.32	221 355	761 278	3.44	206 533	816 517	3.95
176 865	4.29	165 016	351 403	2.13	199 058	413 577	2.08
8 916	2.33	24 295	41 417	1.70	66 108	91 047	1.38
335 481	7.12	488 285	2 223 011	4.55	355 626	1 101 933	3.10
8 630	2.78	47 497	78 434	1.65	35 378	100 110	2.83
32 779	2.36	125 791	196 492	1.56	96 756	200 970	2.08
17 771	4.78	51 145	168 657	3.30	74 435	222 996	3.00
2 934	1.52	30 337	61 491	2.03	55 904	85 730	1.53
12 038	1.87	102 354	248 854	2.43	106 538	254 570	2.39
504 225	2.15	5 505 000	9 684 778	1.76	832 000	1 433 518	1.72
19 331	3.06	113 518	198 189	1.75	122 514	218 775	1.79
9 690	1.56	221 362	310 281	1.40	79 518	138 173	1.74
322	1.35	19 859	62 638	3.15	27 071	75 517	2.79
2 098	1.42	38 143	66 126	1.73	103 158	156 420	1.52
451	2.95	38 198	84 904	2.22	45 255	89 951	1.99
4 221	1.46	77 999	131 053	1.68	130 100	189 543	1.46
11 174	1.91	3 072	6 305	2.05	472	892	1.89
21 623	2.12	45 288	96 973	2.14	72 157	162 592	2.25
385	1.88	5 457	10 224	1.87	26 977	32 857	1.22
572	1.76	1 703	2 687	1.58	4 858	7 785	1.60
325	2.29	586	1 632	2.78	637	1 003	1.57
886	1.83	5 866	13 406	2.29	14 854	29 570	1.99

5-3 1998年各地区接待

FOREIGN TOURISTS BY

地　区 LOCALITY	合　计 TOTAL	#日　本 JAPAN	#韩　国 KOREA	#马来西亚 MALA-YSIA	#菲律宾 PHILIP-PINES	#新加坡 SINGA-PORE
总　计 TOTAL	**10 438 739**	**2 696 030**	**606 105**	**508 976**	**139 729**	**535 685**
北　京 BEIJING	1 781 800	435 156	81 825	74 084	9 698	68 228
天　津 TIANJIN	259 834	72 303	42 921	19 084	4 143	13 497
河　北 HEBEI	271 790	39 298	8 683	38 624	8 140	22 756
山　西 SHANXI	86 966	39 854	1 827	1 787	1 491	4 426
内蒙古 INNERMONGOLIA	364 562	15 420	638	684	219	928
辽　宁 LIAONING	318 180	125 247	99 897	4 825	1 362	8 187
吉　林 JILIN	115 891	14 574	43 212	1 235	160	3 061
黑龙江 HEILONGJIANG	340 948	21 833	9 530	1 987	652	2 653
上　海 SHANGHAI	1 175 520	508 921	53 835	42 973	36 291	47 445
江　苏 JIANGSU	695 537	248 347	21 502	63 165	5 907	39 138
浙　江 ZHEJIANG	414 273	125 124	21 094	37 622	10 565	30 393
安　徽 ANHUI	89 968	29 515	3 716	6 351	1 670	11 383
福　建 FUJIAN	326 787	51 611	6 853	33 141	19 855	53 191
江　西 JIANGXI	28 956	10 195	640	821	176	1 481
山　东 SHANDONG	371 792	97 928	122 859	8 990	10 652	24 737
河　南 HENAN	145 358	31 778	2 131	6 116	3 284	8 447
湖　北 HUBEI	207 465	63 075	1 588	2 091	436	3 493
湖　南 HUNAN	133 305	31 123	4 574	2 743	1 939	5 291
广　东 GUANGDONG	1 315 400	276 857	44 579	88 932	12 339	65 009
广　西 GUANGXI	280 913	60 222	6 874	5 253	1 313	4 186
海　南 HAINAN	87 102	31 704	1 829	9 120	896	10 356
重　庆 CHONGQING	116 248	39 181	1 007	968	354	2 103
四　川 SICHUAN	147 793	29 548	3 069	3 824	1 245	23 981
贵　州 GUIZHOU	67 736	13 055	501	11 215	284	9 796
云　南 YUNNAN	549 914	57 996	5 196	35 203	5 302	58 353
西　藏 TIBET	87 039	10 956	603	443	165	1 523
陕　西 SHAANXI	412 851	143 154	12 396	3 019	1 042	5 402
甘　肃 GANSU	89 721	33 368	1 010	2 597	52	3 281
青　海 QINGHAI	9 724	3 433	324	83	3	497
宁　夏 NINGXIA	3 704	1 714	97	44	3	97
新　疆 XINJIANG	141 662	33 540	1 295	1 952	91	2 366

外国人人数(按国籍分)

LOCALITY & NATIONALITY 1998

单位：人
UNIT :PERSON

# 泰 国 THAI－LAND	# 美 国 UNITED STATES	# 加拿大 CANADA	# 英 国 UNITED KINGDOM	# 法 国 FRANCE	# 德 国 GERMANY	# 俄罗斯 RUSSIA	# 澳大利亚 AUS－TRALIA
165 355	**1 071 446**	**209 992**	**365 704**	**332 611**	**424 287**	**609 425**	**214 499**
25 542	231 662	47 874	88 054	69 413	112 580	61 555	46 473
5 339	26 484	2 879	5 289	4 285	7 178	28 453	3 413
5 063	17 979	4 843	17 699	9 447	4 569	21 961	4 949
1 559	8 739	1 556	3 098	6 511	3 644	466	1 983
159	1 481	337	446	517	711	104 192	272
1 326	14 860	3 204	3 623	3 487	5 020	21 258	3 453
367	3 032	683	664	524	3 227	3 819	476
1 249	7 939	6 638	1 405	4 531	1 882	271 725	641
11 454	130 465	20 417	37 439	40 003	56 845	5 184	34 868
7 276	57 728	11 323	24 535	17 798	30 482	2 417	16 063
12 056	40 426	9 667	11 403	11 951	17 447	2 765	13 145
3 297	12 318	1 936	2 665	2 379	3 559	389	2 038
2 524	20 843	3 452	3 831	2 177	4 737	456	5 133
727	4 957	815	1 371	584	1 597	343	593
1 779	23 211	5 405	6 064	4 641	8 483	7 044	4 389
947	8 312	2 984	4 629	7 168	8 517	1 446	2 125
838	45 718	3 785	14 883	10 590	13 417	388	3 265
1 785	18 485	8 225	4 014	4 222	4 606	5 151	6 097
29 418	147 166	36 448	42 686	33 050	35 253	7 132	27 641
1 968	40 312	6 215	13 657	22 417	17 724	847	6 788
1 716	4 409	922	1 228	763	1 629	797	876
872	38 580	2 547	5 145	7 157	6 583	86	1 859
12 352	20 392	2 972	6 167	6 185	6 428	1 081	2 916
724	6 612	2 846	3 700	5 558	2 490	240	1 073
30 931	42 041	9 501	20 708	15 755	20 758	436	7 935
322	14 497	2 130	5 362	6 730	9 784	660	2 939
2 041	65 517	7 453	28 361	24 321	24 763	1 058	9 070
764	8 456	957	3 722	5 698	4 891	22	2 196
157	925	290	392	611	825	13	159
18	321	248	133	131	243	7	62
785	7 579	1 440	3 331	4 007	4 415	58 034	1 609

5－4 1997～1998年主要城市接待
INTERNATIONAL TOURISTS TO

城市名称 NAME OF CITY		1998年总计 TOTAL 1998		
		人数（人） ARRIVALS	人天数（人天） NIGHTS	平均停留（天） AVERAGE STAY
北京	BEIJING	2 200 900	10 996 400	5.00
天津	TIANJIN	304 887	1 039 038	3.41
石家庄	SHIJIAZHUANG	48 913	163 739	3.35
秦皇岛	QINHUANGDAO	106 332	402 897	3.79
承德	CHENGDE	90 142	135 213	1.50
太原	TAIYUAN	40 506	97 921	2.42
大同	DATONG	35 884	53 294	1.49
呼和浩特	HOHHOT	14 306	23 318	1.63
沈阳	SHENYANG	167 804	475 309	2.83
大连	DALIAN	206 005	812 244	3.94
长春	CHANGCHUN	34 323	89 627	2.61
吉林	JILIN	12 733	24 675	1.94
延边	YANBIAN	57 264	84 507	1.48
哈尔滨	HARBIN	132 451	262 260	1.98
上海	SHANGHAI	1 527 118	5 767 274	3.78
南京	NANJING	305 234	782 235	2.56
无锡	WUXI	194 866	584 984	3.00
苏州	SUZHOU	304 335	766 809	2.52
南通	NANTONG	72 328	284 960	3.94
连云港	LIANYUNGANG	4 625	18 367	3.97
杭州	HANGZHOU	507 243	1 116 620	2.20
宁波	NINGBO	100 043	204 852	2.05
温州	WENZHOU	36 788	113 527	3.09
合肥	HEFEI	25 771	82 427	3.20
黄山	HUANGSHAN	119 995	127 643	1.06
福州	FUZHOU	184 159	664 218	3.61
厦门	XIAMEN	387 522	1 511 332	3.90
泉州	QUANZHOU	395 328	2 600 506	6.58
漳州	ZHANGZHOU	45 635	167 240	3.66

海外旅游者情况
MAJOR CITIES 1997 – 1998

1997 年总计 TOTAL 1997			1998 年比 1997 年增减 INCREASE		
人数 (人) ARRIVALS	人天数 (人天) NIGHTS	平均停留 (天) AVERAGE STAY	人数 (%) ARRIVALS	人天数 (%) NIGHTS	平均停留 (天) AVERAGE STAY
2 298 368	8 433 060	3.67	-4.24	-	-
280 377	966 785	3.45	8.74	7.47	-0.04
51 240	175 488	3.42	-4.54	-6.70	-0.08
95 637	284 752	2.98	11.18	41.49	0.81
107 442	150 750	1.40	-16.10	-10.31	0.10
38 361	88 365	2.30	5.59	10.81	0.11
38 268	66 222	1.73	-6.23	-19.52	-0.25
17 914	31 638	1.77	-20.14	-26.30	-0.14
152 168	403 798	2.65	10.28	17.71	0.18
205 043	888 075	4.33	0.47	-8.54	-0.39
35 346	92 209	2.61	-2.89	-2.80	0.00
13 443	38 732	2.88	-5.28	-36.29	-0.94
116 303	170 781	1.47	-50.76	-50.52	0.01
120 387	233 819	1.94	10.02	12.16	0.04
1 653 502	6 419 791	3.88	-7.64	-10.16	-0.11
292 472	661 110	2.26	4.36	18.32	0.30
184 085	365 010	1.98	5.86	60.27	1.02
275 228	591 911	2.15	10.58	29.55	0.37
89 543	276 635	3.09	-19.23	3.01	0.85
4 852	21 049	4.34	-4.68	-12.74	-0.37
504 276	1 109 914	2.20	0.59	0.60	0.00
100 507	200 040	1.99	-0.46	2.41	0.06
31 969	112 453	3.52	15.07	0.96	-0.43
24 380	69 044	2.83	5.71	19.38	0.37
217 325	228 412	1.05	-44.79	-44.12	0.01
129 148	444 693	3.44	42.60	49.37	0.16
385 826	1 610 696	4.17	0.44	-6.17	-0.27
428 102	2 305 921	5.39	-7.66	12.78	1.19
44 918	225 416	5.02	1.60	-25.81	-1.35

5－4 续表

城市名称 NAME OF CITY		1998年总计 TOTAL 1998		
		人数 (人) ARRIVALS	人天数 (人天) NIGHTS	平均停留 (天) AVERAGE STAY
南昌	NANCHANG	28 722	110 868	3.86
九江	JIUJIANG	8 565	17 078	1.99
济南	JINAN	72 624	154 094	2.12
青岛	QINGDAO	199 527	495 311	2.48
烟台	YANTAI	119 563	261 591	2.19
威海	WEIHAI	89 164	131 395	1.47
郑州	ZHENGZHOU	131 802	456 882	3.47
洛阳	LUOYANG	74 346	103 949	1.40
武汉	WUHAN	150 746	336 817	2.23
长沙	CHANGSHA	195 529	600 463	3.07
广州	GUANGZHOU	3 035 900	6 315 484	2.08
深圳	SHENZHEN	2 342 500	4 300 939	1.84
珠海	ZHUHAI	697 000	997 213	1.43
汕头	SHANTOU	187 308	327 776	1.75
湛江	ZHANJIANG	9 833	37 391	3.80
中山	ZHONGSHAN	431 400	542 161	1.26
南宁	NANNING	26 262	49 664	1.89
桂林	GUILIN	380 340	767 603	2.02
北海	BEIHAI	9 971	18 872	1.89
海口	HAIKOU	157 154	255 483	1.63
三亚	SANYA	132 933	245 193	1.84
重庆	CHONGQING	163 417	527 594	3.23
成都	CHENGDU	228 786	364 264	1.59
贵阳	GUIYANG	37 714	75 774	2.01
昆明	KUNMING	383 463	587 365	1.53
拉萨	LHASA	46 833	158 121	3.38
西安	XI'AN	479 836	1 045 221	2.18
兰州	LANZHOU	32 575	66 732	2.05
西宁	XINING	11 132	18 106	1.63
银川	YINCHUAN	4 092	10 535	2.57
乌鲁木齐	URUMQI	71 265	302 589	4.25

1997 年 总 计 TOTAL 1997			1998 年比 1997 年增减 INCREASE		
人 数 (人) ARRIVALS	人天数 (人天) NIGHTS	平均停留 (天) AVERAGE STAY	人 数 (%) ARRIVAL	人天数 (%) NIGHTS	平均停留 (天) AVERAGE STAY
30 018	94 247	3.14	-4.32	17.64	0.72
26 623	56 620	2.13	-67.83	-69.84	-0.13
89 029	169 280	1.90	-18.43	-8.97	0.22
197 890	524 545	2.65	0.90	-5.57	-0.17
88 622	168 797	1.90	34.91	54.97	0.28
80 052	118 084	1.48	11.38	11.27	-0.01
246 419	549 220	2.23	-46.51	-16.81	1.24
68 459	96 443	1.41	8.60	7.78	-0.01
309 032	607 391	1.97	-51.22	-44.55	0.27
194 664	660 363	3.39	0.44	-9.07	-0.32
2 944 452	6 270 783	2.13	3.11	0.71	-0.05
2 261 919	3 578 596	1.58	3.56	20.19	0.25
614 489	843 817	1.37	13.43	18.18	0.06
146 435	278 598	1.90	27.91	17.65	-0.15
9 890	25 127	2.54	-0.58	3.50	1.26
400 614	517 912	1.29	7.68	4.68	-0.04
35 590	58 838	1.65	-26.21	-15.59	0.24
450 213	891 755	1.98	-15.52	-13.92	0.04
7 848	16 740	2.13	27.05	12.74	-0.24
214 742	331 226	1.54	-26.82	-22.87	0.08
117 008	167 585	1.43	13.61	46.31	0.41
261 189	713 280	2.73	-37.43	-26.03	0.50
182 113	715 673	3.93	25.63	-49.11	-2.34
43 674	79 898	1.83	-13.65	-5.16	0.18
508 116	824 728	1.62	-24.53	-28.78	-0.09
31 355	92 216	2.94	49.36	71.47	0.44
485 266	1 261 677	2.60	-1.12	-17.16	-0.42
41 736	81 477	1.95	-21.95	-18.10	0.10
7 023	12 784	1.82	58.51	41.63	-0.19
3 406	8 409	2.47	20.14	25.28	0.11
86 986	247 208	2.84	-18.07	22.40	1.40

5-5 1998年主要城市接待海外

BREAKDOWN OF INTERNATIONAL

城市名称 NAME OF CITY		外国人 FOREIGNERS			华 OVERSEAS
		人数（人）ARRIVALS	人天数（人天）NIGHTS	平均停留（天）AVERAGE STAY	人数（人）ARRIVALS
北京	BEIJING	1 781 800	9 265 400	5.20	28 300
天津	TIANJIN	259 834	929 610	3.58	3 207
石家庄	SHIJIAZHUANG	34 843	119 622	3.43	250
秦皇岛	QINHUANGDAO	96 789	371 060	3.83	374
承德	CHENGDE	79 835	119 807	1.50	837
太原	TAIYUAN	29 282	73 140	2.50	214
大同	DATONG	32 257	47 105	1.46	580
呼和浩特	HOHHOT	12 011	19 688	1.64	215
沈阳	SHENYANG	132 510	390 946	2.95	78
大连	DALIAN	154 055	637 577	4.14	8 350
长春	CHANGCHUN	28 171	77 465	2.75	82
吉林	JILIN	6 049	15 469	2.56	1 373
延边	YANBIAN	54 671	81 558	1.49	1 212
哈尔滨	HARBIN	91 938	182 460	1.98	91
上海	SHANGHAI	1 175 520	4 584 516	3.90	50 696
南京	NANJING	169 448	478 808	2.83	6 833
无锡	WUXI	122 397	343 853	2.81	2 398
苏州	SUZHOU	201 708	489 537	2.43	5 757
南通	NANTONG	61 344	229 549	3.74	824
连云港	LIANYUNGANG	3 230	15 742	4.87	5
杭州	HANGZHOU	261 353	596 513	2.28	14 281
宁波	NINGBO	47 299	120 544	2.55	3 466
温州	WENZHOU	14 398	35 264	2.45	11 226
合肥	HEFEI	16 075	55 387	3.45	1 688
黄山	HUANGSHAN	56 700	60 944	1.07	590
福州	FUZHOU	70 795	385 080	5.44	9 861
厦门	XIAMEN	171 202	651 433	3.81	5 961
泉州	QUANZHOU	21 285	114 870	5.40	30 431
漳州	ZHANGZHOU	6 530	17 642	2.70	166

旅游者情况(按外国人、华侨、港澳台同胞分)

TOURISTS TO MAJOR CITIES 1998

侨 CHINESE		港澳同胞 HONGKONG & MACAU			台湾同胞 TAIWAN PROVINCE		
人天数 (人天) NIGHTS	平均停留 (天) AVERAGE STAY	人数 (人) ARRIVALS	人天数 (人天) NIGHTS	平均停留 (天) AVERAGE STAY	人数 (人) ARRIVALS	人天数 (人天) NIGHTS	平均停留 (天) AVERAGE STAY
150 000	5.30	249 500	973 100	3.90	141 300	607 900	4.30
4 684	1.46	25 827	58 767	2.28	16 019	45 977	2.87
600	2.40	11 914	39 448	3.31	1 906	4 069	2.13
888	2.37	3 060	11 221	3.67	6 109	19 728	3.23
1 833	2.19	2 668	3 851	1.44	6 802	9 722	1.43
749	3.50	5 575	12 503	2.24	5 435	11 529	2.12
961	1.66	1 207	2 367	1.96	1 840	2 861	1.55
361	1.68	853	1 437	1.68	1 227	1 832	1.49
182	2.33	14 028	37 360	2.66	21 188	46 821	2.21
31 497	3.77	23 568	80 362	3.41	20 032	62 808	3.14
106	1.29	3 031	6 747	2.23	3 039	5 309	1.75
1 383	1.01	1 920	3 115	1.62	3 391	4 708	1.39
1 212	1.00	196	355	1.81	1 185	1 382	1.17
167	1.84	29 661	59 174	2.00	10 761	20 459	1.90
233 202	4.60	167 600	536 320	3.20	133 302	413 236	3.10
17 203	2.52	72 439	158 780	2.19	56 514	127 444	2.26
14 471	6.03	41 447	116 290	2.81	28 624	110 370	3.86
14 708	2.55	40 697	106 307	2.61	56 173	156 257	2.78
2 504	3.04	3 429	9 525	2.78	6 731	43 382	6.45
6	1.20	546	1 009	1.85	844	1 610	1.91
38 807	2.72	107 171	228 982	2.14	124 438	252 318	2.03
4 952	1.43	23 392	39 245	1.68	25 886	40 111	1.55
52 619	4.69	4 529	9 525	2.10	6 635	16 119	2.43
5 337	3.16	4 349	12 179	2.80	3 659	9 524	2.60
618	1.05	12 860	13 671	1.06	49 845	52 410	1.05
39 545	4.01	36 462	87 221	2.39	67 041	152 372	2.27
22 960	3.85	82 164	316 833	3.86	128 195	520 106	4.06
310 389	10.20	305 125	1 919 595	6.29	38 487	255 652	6.64
367	2.21	15 882	39 902	2.51	23 057	109 329	4.74

5－5 续表

城市名称 NAME OF CITY		外国人 FOREIGNERS 人数（人） ARRIVALS	人天数（人天） NIGHTS	平均停留（天） AVERAGE STAY	华 OVERSEAS 人数（人） ARRIVALS
南昌	NANCHANG	14 611	72 641	4.97	51
九江	JIUJIANG	2 951	4 433	1.50	295
济南	JINAN	30 747	82 380	2.68	119
青岛	QINGDAO	143 987	360 169	2.50	1 645
烟台	YANTAI	75 998	150 897	1.99	8 961
威海	WEIHAI	63 878	90 386	1.41	840
郑州	ZHENGZHOU	57 411	184 752	3.22	1 457
洛阳	LUOYANG	60 032	79 279	1.32	338
武汉	WUHAN	105 022	234 786	2.24	1 323
长沙	CHANGSHA	85 837	328 365	3.83	3 316
广州	GUANGZHOU	615 200	1 605 020	2.61	192 100
深圳	SHENZHEN	379 900	720 512	1.90	7 600
珠海	ZHUHAI	69 800	127 186	1.82	500
汕头	SHANTOU	46 078	108 540	2.36	5 984
湛江	ZHANJIANG	3 382	22 566	6.67	283
中山	ZHONGSHAN	36 000	47 790	1.33	7 800
南宁	NANNING	15 999	30 354	1.90	35
桂林	GUILIN	226 384	458 533	2.03	5 856
北海	BEIHAI	3 352	7 609	2.27	50
海口	HAIKOU	31 026	60 035	1.93	1 915
三亚	SANYA	44 640	102 878	2.30	545
重庆	CHONGQING	116 248	389 117	3.35	239
成都	CHENGDU	96 348	209 603	2.18	1 039
贵阳	GUIYANG	16 739	36 704	2.19	153
昆明	KUNMING	240 298	394 451	1.64	171
拉萨	LHASA	42 592	145 123	3.41	92
西安	XI' AN	379 324	810 646	2.14	5 366
兰州	LANZHOU	23 590	52 848	2.24	115
西宁	XINING	5 796	9 665	1.67	167
银川	YINCHUAN	2 897	7 777	2.68	131
乌鲁木齐	URUMQI	64 292	284 336	4.42	28

侨 CHINESE		港澳同胞 HONG KONG & MACAU			台湾同胞 TAIWAN PROVINCE		
人天数 (人天) NIGHTS	平均停留 (天) AVERAGE STAY	人 数 (人) ARRIVALS	人天数 (人天) NIGHTS	平均停留 (天) AVERAGE STAY	人 数 (人) ARRIVALS	人天数 (人天) NIGHTS	平均停留 (天) AVERAGE STAY
104	2.04	6 571	16 157	2.46	7 489	21 966	2.93
323	1.09	2 031	2 482	1.22	3 288	9 840	2.99
235	1.97	31 889	52 651	1.65	9 869	18 828	1.91
5 086	3.09	32 626	80 629	2.47	21 269	49 427	2.32
12 466	1.39	17 178	22 454	1.31	17 426	75 774	4.35
11 967	14.25	1 842	3 302	1.79	22 604	25 740	1.14
12 597	8.65	24 811	101 906	4.11	48 123	157 627	3.28
354	1.05	5 273	7 411	1.41	8 703	16 905	1.94
1 485	1.12	19 914	47 869	2.40	24 487	52 677	2.15
8 231	2.48	53 460	134 672	2.52	52 916	129 195	2.44
442 594	2.30	1 925 300	3 598 001	1.87	303 300	669 869	2.21
10 160	1.34	1 744 400	3 269 621	1.87	210 600	300 646	1.43
635	1.27	505 100	702 220	1.39	121 600	167 172	1.37
6 817	1.14	120 493	185 675	1.54	14 753	26 744	1.81
850	3.00	4 884	11 036	2.26	1 284	2 939	2.29
9 431	1.21	341 400	424 369	1.24	46 200	60 571	1.31
62	1.77	6 973	12 588	1.81	3 255	6 660	2.05
18 578	3.17	55 120	113 652	2.06	92 980	176 840	1.90
76	1.52	5 009	8 017	1.60	1 560	3 170	2.03
3 084	1.61	84 194	115 924	1.38	40 019	76 440	1.91
1 589	2.92	72 298	117 459	1.62	15 450	23 267	1.51
322	1.35	19 859	62 638	3.15	27 071	75 517	2.79
1 543	1.49	22 904	44 623	1.95	66 581	108 495	1.63
451	2.95	7 583	16 874	2.23	13 239	21 745	1.64
342	2.00	50 677	75 764	1.50	92 317	116 808	1.27
363	3.95	1 361	4 550	3.34	2 788	8 085	2.90
12 544	2.34	34 543	79 620	2.30	60 603	142 411	2.35
273	2.37	1 905	4 493	2.36	6 965	9 118	1.31
306	1.83	1 199	1 747	1.46	3 970	6 388	1.61
302	2.31	519	1 565	3.02	545	891	1.63
65	2.32	2 723	7 794	2.86	4 222	10 394	2.46

5－6 1998年主要城市接待
FOREIGN TOURISTS BY MAJOR

城市名称 NAME OF CITY	合计 TOTAL	#日本 JAPAN	#韩国 KOREA	#马来西亚 MALA－YSIA	#菲律宾 PHILIP－PINES	#新加坡 SINGA－PORE
北京 BEIJING	1 781 800	435 156	81 825	74 084	9 698	68 228
天津 TIANJIN	259 834	72 303	42 921	19 084	4 143	13 497
石家庄 SHIJIAZHUANG	34 843	6 134	1 502	1 436	337	1 560
秦皇岛 QINHUANGDAO	96 789	11 021	3 519	4 108	7 252	6 235
承德 CHENGDE	79 835	4 808	1 419	31 480	422	11 907
太原 TAIYUAN	29 282	10 804	602	883	790	1 620
大同 DATONG	32 257	17 776	456	134	84	1 067
呼和浩特 HOHHOT	12 011	6 399	159	325	122	376
沈阳 SHENYANG	132 510	35 835	49 994	3 099	362	4 477
大连 DALIAN	154 055	78 870	40 338	1 384	758	3 086
长春 CHANGCHUN	28 171	10 377	5 434	533	113	1 026
吉林 JILIN	6 049	1 193	993	620	38	1 548
延边 YANBIAN	54 671	2 478	32 835	74	8	477
哈尔滨 HARBIN	91 938	19 525	8 989	1 719	612	2 450
上海 SHANGHAI	1 175 520	508 921	53 835	42 973	36 291	47 445
南京 NANJING	169 448	49 835	5 063	24 318	1 164	10 762
无锡 WUXI	122 397	53 978	2 008	19 236	595	9 008
苏州 SUZHOU	201 708	72 228	7 760	15 974	672	9 447
南通 NANTONG	61 344	41 252	1 719	298	139	815
连云港 LIANYUNGANG	3 230	1 243	617	20	23	72
杭州 HANGZHOU	261 353	75 458	9 243	34 030	2 469	24 244
宁波 NINGBO	47 299	13 313	2 032	1 228	1 906	2 205
温州 WENZHOU	14 398	2 050	846	405	307	512
合肥 HEFEI	16 075	4 587	989	391	105	913
黄山 HUANGSHAN	56 700	20 902	1 370	5 521	1 057	9 204
福州 FUZHOU	70 795	18 982	5 523	5 803	984	9 465
厦门 XIAMEN	171 202	35 787	5 321	23 075	16 642	40 082
泉州 QUANZHOU	21 285	3 927	335	3 778	2 502	6 312
漳州 ZHANGZHOU	6 530	1 200	170	1 180	170	2 367

外国人人数(按国籍分)
CITIES & NATIONALITY 1998

单位:人
UNIT : PERSON

# 泰 国 THAI – LAND	# 美 国 UNITED STATES	# 加拿大 CANADA	# 英 国 UNITED KINGDOM	# 法 国 FRANCE	# 德 国 GERMANY	# 俄罗斯 RUSSIA	# 澳大利亚 AUS – TRALIA
25 542	231 662	47 874	88 054	69 413	112 580	61 555	46 473
5 339	26 484	2 879	5 289	4 285	7 178	28 453	3 413
240	4 775	880	1 123	712	717	3 380	2 187
3 105	5 717	1 559	3 200	3 589	1 369	16 416	753
570	4 200	1 588	8 943	3 041	1 514	1 171	1 058
424	4 293	509	1 174	1 576	1 526	221	1 039
525	2 194	546	1 454	3 479	1 401	13	403
23	652	136	167	175	301	1 106	102
632	6 916	1 160	1 247	1 721	1 992	16 891	1 467
497	5 808	1 383	1 650	1 195	2 045	3 156	1 361
166	1 567	552	461	429	2 898	909	376
134	409	32	100	35	217	126	50
67	930	87	78	16	56	2 763	40
1 196	7 405	6 464	1 281	4 447	1 583	28 008	579
11 454	130 465	20 417	37 439	40 003	56 845	5 184	34 868
1 818	16 575	3 598	8 722	3 728	9 556	615	5 212
968	7 257	1 330	1 394	944	5 759	216	3 026
2 829	17 277	2 581	9 860	10 082	8 619	242	4 811
262	8 251	526	1 876	335	1 651	50	410
33	223	80	84	262	90	51	41
7 900	27 108	5 366	7 154	7 611	11 306	1 427	10 033
630	5 298	1 604	1 804	1 180	1 875	307	1 177
180	1 346	322	310	714	605	243	493
195	2 585	585	592	437	937	55	480
2 711	7 810	920	1 195	1 296	792	11	1 225
415	15 713	2 577	962	584	950	104	1 736
1 928	15 800	2 377	2 682	1 480	3 643	182	4 313
213	473	103	281	150	328	187	101
117	398	100	56	64	116	8	71

城市名称 NAME OF CITY		合　计 TOTAL	#日　本 JAPAN	#韩　国 KOREA	#马来西亚 MALA－YSIA	#菲律宾 PHILIP－PINES	#新加坡 SINGA－PORE
南　昌	NANCHANG	14 611	3 915	313	383	59	834
九　江	JIUJIANG	2 951	1 199	26	93	29	136
济　南	JINAN	30 747	8 442	1 896	1 713	118	5 895
青　岛	QINGDAO	143 987	39 173	45 382	2 179	5 814	8 050
烟　台	YANTAI	75 998	24 760	23 756	1 610	2 384	3 373
威　海	WEIHAI	63 878	7 321	47 293	447	1 827	580
郑　州	ZHENGZHO	57 411	9 845	736	3 057	1 554	4 087
洛　阳	LUOYANG	60 032	15 484	708	934	1 300	1 557
武　汉	WUHAN	105 022	25 695	1 131	1 552	289	1 972
长　沙	CHANGSHA	85 837	17 372	3 345	1 884	1 437	3 685
广　州	GUANGZHO	615 200	104 856	10 435	31 388	5 616	21 240
深　圳	SHENZHEN	379 900	76 162	18 929	44 015	4 321	24 268
珠　海	ZHUHAI	69 800	20 939	1 369	2 030	758	2 632
汕　头	SHANTOU	46 078	4 992	2 752	4 066	379	7 643
湛　江	ZHANJIAN	3 382	476	272	123	49	213
中　山	ZHONGSHA	36 000	14 999	716	903	228	990
南　宁	NANNING	15 999	1 562	195	382	48	343
桂　林	GUILIN	226 384	56 217	6 186	3 346	804	3 230
北　海	BEIHAI	3 352	576	135	115	40	142
海　口	HAIKOU	31 026	10 416	794	4 924	227	5 813
三　亚	SANYA	44 640	18 675	564	2 256	605	2 962
重　庆	CHONGQIN	116 248	39 181	1 007	968	354	2 103
成　都	CHENGDU	96 348	19 073	1 848	1 829	463	11 747
贵　阳	GUIYANG	16 739	3 503	213	4 278	149	2 856
昆　明	KUNMING	240 298	36 996	3 739	23 327	5 071	36 035
拉　萨	LHASA	42 592	6 392	309	131	40	629
西　安	XI' AN	379 324	130 153	4 787	2 484	843	4 730
兰　州	LANZHOU	23 590	7 169	381	738	18	1 019
西　宁	XINING	5 796	1 870	233	56	0	370
银　川	YINCHUAN	2 897	1 369	95	43	3	87
乌鲁木齐	URUMQI	64 292	13 791	709	816	50	726

# 泰 国 THAI - LAND	# 美 国 UNITED STATES	# 加拿大 CANADA	# 英 国 UNITED KINGDOM	# 法 国 FRANCE	# 德 国 GERMANY	# 俄罗斯 RUSSIA	# 澳大利亚 AUS - TRALIA
462	3 699	601	1 085	403	388	28	312
82	309	41	45	75	449	13	72
216	3 802	1 047	851	821	1 356	250	483
511	7 824	1 595	2 860	1 748	2 854	5 307	1 454
319	2 304	782	464	443	1 386	944	1 386
122	1 112	296	275	141	1 003	209	222
438	3 455	1 036	1 153	1 221	972	481	501
120	2 474	1 258	2 486	4 869	7 043	137	1 216
408	23 438	2 676	6 241	5 636	7 478	116	1 943
1 392	13 759	6 122	2 483	2 093	2 673	2 857	4 105
9 383	62 779	17 593	19 835	20 249	19 093	1 975	14 126
4 793	39 878	8 882	10 584	6 725	6 552	874	7 155
512	10 649	1 700	2 151	1 388	2 011	560	1 300
12 430	3 535	1 123	912	879	746	127	846
38	729	106	257	116	71	28	233
248	6 188	2 229	2 439	550	1 291	105	1 000
362	1 374	427	488	888	488	169	405
1 260	37 280	5 372	12 291	20 148	16 589	224	5 871
66	397	107	87	79	62	5	100
897	2 119	585	570	429	611	71	468
347	1 926	318	507	317	858	676	382
872	38 580	2 547	5 145	7 157	6 583	86	1 859
5 257	17 263	2 262	4 665	3 690	4 380	808	2 108
377	1 763	297	416	804	291	30	229
18 085	28 031	5 575	11 687	7 226	13 842	199	4 857
185	8 296	923	2 479	2 803	4 122	214	1 337
1 761	62 789	6 695	27 443	23 821	23 972	772	8 235
243	2 981	440	1 308	1 515	1 455	20	729
138	593	133	122	232	438	8	58
13	277	126	93	92	168	7	55
368	3 478	633	946	1 171	1 131	33 931	733

六、旅游涉外饭店情况

6. STATISTICS OF HOTELS

6-1 1998年全国旅游涉外饭店

BREAKDOWN OF HOTELS BY ECONOMIC

饭店经济类型、规模和星级 ECONOMIC TYPE, CAPACITY & STAR-RATED		饭店数（座） NO. OF HOTELS	房间数（间） NO. OF ROOMS	床位数（张） NO. OF BEDS
一、饭店经济类型	ECONOMIC TYPE			
合　计	TOTAL	**5 782**	**764 797**	**1 524 224**
国有经济	STATE-OWNED	3 639	456 300	930 379
集体经济	COLLECTIVE	859	74 528	151 453
私营经济	PRIVATE	153	8 729	17 612
联营经济	ALLIANCE	155	57 537	122 220
股份制经济	STOCK	282	34 507	66 216
外商投资经济	FOREIGN-INVESTED	458	87 308	154 427
港澳台投资经济	H.K.,MACAU,TAIWAN INV	236	45 888	81 917
二、饭店规模	CAPACITY			
合　计	TOTAL	**5 782**	**764 797**	**1 524 224**
客房数500间以上	ROOMS OVER 500	95	136 557	272 995
客房数300-499间	ROOMS BETWEEN 300-499	290	106 556	196 065
客房数200-299间	ROOMS BETWEEN 200-299	498	119 703	230 780
客房数100-199间	ROOMS BETWEEN 100-199	1 742	241 680	489 448
客房数99间以下	ROOMS UNDER 99	3 157	160 301	334 936
三、饭店星级	STAR-RATED HOTEL			
合　计	TOTAL	**5 782**	**764 797**	**1 524 224**
星级饭店小计	STAR-RATED HOTEL	3 248	450 872	881 731
五星级	5 STAR	64	30 966	51 765
四星级	4 STAR	176	60 536	107 789
三星级	3 STAR	1 085	176 865	341 090
二星级	2 STAR	1 610	159 865	329 965
一星级	1 STAR	313	23 120	51 122
未评星级	NO STAR	2 534	313 925	642 493

基本情况(按经济类型、规模和星级分)

TYPE CAPACITY, STAR - RATED & FINANCE 1998

客房出租率(%) ROOM OCCU - PANCY(%)	营业收入 (万元) TOTAL REVENUE (0000 RMB¥)	利润总额 (万元) PROFIT (0000 RMB¥)	固定资产 (万元) FIXED ASSETS (0000 RMB¥)
51.67	**7 968 312.48**	**-465 585.26**	**21 052 826.73**
50.46	3 638 660.79	-212 419.30	9 954 647.18
48.41	563 101.03	-61 176.14	1 671 533.00
53.90	85 340.22	-7 206.00	208 482.31
57.62	601 903.85	11 513.45	1 244 615.96
53.45	345 353.36	-37 734.60	1 176 754.18
54.30	1 852 723.31	-132 886.03	4 582 701.78
55.93	881 229.92	-25 676.64	2 214 092.32
51.67	**7 968 312.48**	**-465 585.26**	**21 052 826.73**
59.50	1 898 344.81	166 741.82	3 257 209.84
53.96	1 432 437.28	-158 671.87	4 109 195.36
52.61	1 320 535.36	-145 432.62	3 997 513.53
49.42	1 807 919.19	-208 635.76	5 633 147.63
47.92	1 509 075.84	-119 586.83	4 055 760.37
51.67	**7 968 312.48**	**-465 585.26**	**21 052 826.73**
52.29	5 322 912.03	-347 344.50	14 160 254.83
57.94	1 045 462.58	31 837.02	2 122 405.94
56.35	1 208 615.34	-97 840.87	3 077 519.30
52.62	2 027 787.26	-185 887.48	6 146 144.38
49.87	948 884.11	-88 063.82	2 577 149.18
47.55	92 162.74	-7 389.35	237 036.03
50.64	2 645 400.45	-118 240.76	6 892 571.90

6-2 1998年全国旅游涉外饭店

BREAKDOWN OF HOTELS, ROOMS,

地 区 LOCALITY	饭店数 (座) NUMBER OF HOTELS	房间数 (间) NUMBER OF ROOMS	床位数 (张) NUMBER OF BEDS
总 计 TOTAL	**5 782**	**764 797**	**1 524 224**
北 京 BEIJING	341	64 066	118 862
天 津 TIANJIN	88	10 998	20 552
河 北 HEBEI	139	18 150	37 997
山 西 SHANXI	65	8 177	17 379
内蒙古 INNERMONGOLIA	54	5 769	12 463
辽 宁 LIAONING	243	30 315	56 623
吉 林 JILIN	125	12 188	24 203
黑龙江 HEILONGJIANG	135	13 766	29 135
上 海 SHANGHAI	136	30 987	55 174
江 苏 JIANGSU	351	43 846	85 165
浙 江 ZHEJIANG	366	45 312	87 854
安 徽 ANHUI	183	18 825	39 846
福 建 FUJIAN	187	15 742	29 880
江 西 JIANGXI	75	10 119	21 734
山 东 SHANDONG	319	37 994	75 742
河 南 HENAN	129	8 202	17 240
湖 北 HUBEI	265	26 575	55 095
湖 南 HUNAN	169	20 596	42 830
广 东 GUANGDONG	1 056	198 825	403 940
广 西 GUANGXI	190	25 266	50 971
海 南 HAINAN	248	20 014	37 795
重 庆 CHONGQING	52	7 880	15 936
四 川 SICHUAN	212	27 863	56 588
贵 州 GUIZHOU	48	8 212	17 583
云 南 YUNNAN	234	13 253	26 892
西 藏 TIBET	36	2 592	5 499
陕 西 SHAANXI	82	10 724	20 949
甘 肃 GANSU	41	6 628	13 784
青 海 QINGHAI	13	1 838	3 829
宁 夏 NINGXIA	27	2 951	6 197
新 疆 XINJIANG	173	17 124	36 487

基本情况(按地区分)

OCCUPANCIES & FINANCE BY LOCALITY 1998

客房出租率 (%) ROOM OCCU-PANCY (%)	营业收入 (万元) TOTAL REVENUE (0000 RMB ¥)	利润总额 (万元) PROFIT (0000 RMB ¥)	固定资产 (万元) FIXED ASSETS (0000 RMB ¥)
51.67	**7 968 312.48**	**-465 585.26**	**21 052 826.73**
54.83	1 326 365.72	25 652.98	3 502 591.77
44.04	118 588.38	-20 423.42	308 836.73
39.64	122 426.87	-3 174.34	247 551.89
46.33	42 794.81	-3 297.45	114 140.56
51.37	35 792.66	-2 416.52	84 999.89
49.63	254 415.87	-52 424.55	1 159 752.52
44.30	80 469.31	-33 282.58	455 795.59
38.98	64 516.41	-8 734.53	173 779.72
56.87	563 752.99	-29 170.92	1 432 724.66
48.84	490 738.67	-39 625.41	1 272 322.67
58.56	574 223.83	-21 049.80	1 413 903.27
47.80	111 857.26	-5 345.95	296 947.68
47.58	204 485.08	-14 911.22	490 338.97
47.92	63 964.73	-6 167.09	157 249.03
45.61	300 298.46	-49 652.33	1 040 424.02
52.40	84 583.85	-13 918.06	258 905.76
42.82	173 430.61	-20 852.14	705 501.91
56.56	153 619.29	-2 898.02	451 357.80
56.59	2 338 118.35	15 233.03	4 459 866.51
51.14	148 675.49	-38 848.54	522 865.30
45.45	119 911.69	-59 144.34	542 406.17
46.39	61 953.98	-3 010.24	145 762.82
47.85	161 327.75	-17 089.74	673 174.48
62.28	37 090.94	-977.55	130 362.13
51.89	115 536.28	-6 640.08	272 025.77
40.07	13 674.58	2 371.42	53 924.79
58.64	91 644.40	-42 509.15	310 325.41
56.35	33 498.16	-1 678.21	135 188.24
45.89	9 504.09	-2 473.88	35 928.96
43.01	13 516.45	-2 745.28	58 375.08
48.63	57 535.52	-6 381.35	145 496.63

6－3 1998年全国各地区旅游

NUMBER OF HOTELS BY

地　　区 LOCALITY	饭店经济类型 ECONOMIC TYPE					
	总　计 TOTAL	国有经济 STATE－OWNED	集体经济 COLLEC－TIVE	私营经济 PRIVATE	联营经济 ALLIANCE	股份制经　济 STOCK
总　计 TOTAL	**5 782**	**3 639**	**859**	**153**	**155**	**282**
北　京 BEIJING	341	198	50	1	3	12
天　津 TIANJIN	88	42	15	0	3	0
河　北 HEBEI	139	136	1	0	0	0
山　西 SHANXI	65	49	10	1	0	5
内蒙古 INNERMONGOLIA	54	44	5	0	0	1
辽　宁 LIAONING	243	143	27	4	1	13
吉　林 JILIN	125	91	8	2	0	3
黑龙江 HEILONGJIANG	135	107	13	2	0	2
上　海 SHANGHAI	136	87	10	0	5	9
江　苏 JIANGSU	351	256	43	1	3	14
浙　江 ZHEJIANG	366	181	71	1	13	69
安　徽 ANHUI	183	134	13	0	3	13
福　建 FUJIAN	187	76	57	4	8	3
江　西 JIANGXI	75	66	2	0	0	0
山　东 SHANDONG	319	246	27	1	6	7
河　南 HENAN	129	60	22	39	1	5
湖　北 HUBEI	265	193	31	3	2	16
湖　南 HUNAN	169	119	31	0	3	5
广　东 GUANGDONG	1 056	554	201	46	68	18
广　西 GUANGXI	190	118	23	1	1	14
海　南 HAINAN	248	88	43	27	21	37
重　庆 CHONGQING	52	44	2	1	0	3
四　川 SICHUAN	212	141	29	8	3	21
贵　州 GUIZHOU	48	45	0	0	0	0
云　南 YUNNAN	234	155	53	3	10	7
西　藏 TIBET	36	8	26	1	0	1
陕　西 SHAANXI	82	61	4	1	1	1
甘　肃 GANSU	41	39	0	0	0	0
青　海 QINGHAI	13	13	0	0	0	0
宁　夏 NINGXIA	27	25	0	1	0	0
新　疆 XINJIANG	173	120	42	5	0	3

涉外饭店数(按经济类型和规模分)

ECONOMIC TYPE & CAPACITY **1998**

单位:座

UNIT : NUMBER

		饭 店 规 模 CAPACITY				
外商投资经济 FOREIGN INVESTED	港澳台投资经济 H.K.,MACAU, TAIWAN INVESTED	客房数500以上 ROOMS OVER 500	客房数300－499 ROOMS BETWEEN 300－499	客房数200－299 ROOMS BETWEEN 200－299	客房数100－199 ROOMS BETWEEN 100－199	客房数99以下 ROOMS UNDER 99
458	**236**	**95**	**290**	**498**	**1 742**	**3 157**
77	0	22	48	41	94	136
28	0	1	4	10	29	44
2	0	2	6	17	54	60
0	0	0	3	4	28	30
3	1	0	2	5	13	34
28	27	3	12	23	75	130
20	1	0	5	7	34	79
10	1	0	2	14	43	76
11	14	13	20	23	56	24
16	18	4	15	24	141	167
18	13	3	10	33	164	156
12	8	0	4	10	65	104
23	16	1	7	13	40	126
3	4	1	2	12	32	28
24	8	3	11	27	104	174
0	2	1	2	10	22	94
10	10	0	7	19	79	160
6	5	0	8	14	59	88
82	87	25	52	80	252	647
23	10	1	16	23	51	99
30	2	1	9	17	47	174
1	1	0	5	10	19	18
5	5	1	13	24	83	91
3	0	3	3	2	18	22
5	1	3	2	10	35	184
0	0	2	1	0	4	29
12	2	3	9	8	20	42
2	0	1	5	6	13	16
0	0	0	2	1	2	8
1	0	0	0	1	10	16
3	0	1	5	10	56	101

6－4 1997～1998 年全国旅游涉外
HOTEL ROOMS & OCCUPANCIES

城市名称 NAME OF CITY	饭店名称 NAME OF HOTEL	饭店数(座) NUMBER OF HOTELS		
		1998 年 1998	1996 年 1997	增减 INCREASE
全国总计 TOTAL		**5 782**	**5 201**	**581**
北京 BEIJING		341	338	3
# OF WHICH	王府饭店 PALACE			
	中国大饭店 CHINA			
	贵宾楼饭店 GRAND			
	香格里拉饭店 SHANGRI－LA			
	长富宫饭店 CHANGFUGONG			
	丽都饭店 LIDU			
	长城饭店 GREAT WALL			
	北京饭店 BEIJING			
	京广中心 JING GUANG			
	昆仑饭店 KUNLUN			
	国际饭店 INTERNATIONAL			
	国贸饭店 TRADE			
	建国饭店 JIANGUO			
	京伦饭店 JINGLUN			
	友谊宾馆 FRIENDSHIP			
	西苑饭店 XIYUAN			
	兆龙饭店 ZHAOLONG			
	民族饭店 MINZU			
天津 TIANJIN		88	77	11
# OF WHICH	天津宾馆 TIANJIN			
	利顺德大饭店 ASTOR			
	凯悦饭店 HYATT			
	水晶宫饭店 CRYSTAL			
	喜来登大酒店 SHERATON			
石家庄 SHIJIAZHUANG		15	16	－1
# OF WHICH	河北宾馆 HEBEI			
	国际大厦 INTERNATIONAL			
秦皇岛 QINHUANGDAO		37	26	11
# OF WHICH	金山宾馆 JINSHAN			

饭店基本情况(按城市分)
IN EACH CITY 1997 – 1998

客房数(间) NUMBER OF ROOMS			床位数(张) NUMBER OF BEDS			客房出租率(%) ROOM OCCUPANCY (%)	
1998年 1998	1997年 1997	增　减 INCREASE	1998年 1998	1997年 1997	增　减 INCREASE	1998年 1998	1997年 1997
764 797	**701 736**	**63 061**	**1 524 224**	**1 411 708**	**112 516**	**51.7**	**53.8**
64 066	58 526	5 540	118 862	107 379	11 483	54.8	59.4
530	530	0	981	849	132	67.0	59.5
738	738	0	1 365	1 365	0	69.1	62.7
206	207	– 1	385	385	0	51.2	59.1
716	716	0	1 136	1 136	0	65.2	62.7
500	500	0	920	920	0	53.1	63.3
883	991	– 108	1 134	1 459	– 325	79.1	82.9
844	840	4	1 582	1 356	226	62.5	78.8
578	876	– 298	1 156	1 742	– 586	60.1	66.1
444	446	– 2	678	689	– 11	63.6	67.0
761	698	63	1 080	1 291	– 211	53.2	51.5
1 160	1 164	– 4	1 831	2 153	– 322	39.4	47.2
554	564	– 10	838	738	100	76.5	66.7
461	461	0	649	649	0	70.1	77.9
656	656	0	1 100	1 100	0	71.9	74.5
1 790	1 829	– 39	3 581	3 658	– 77	48.0	47.9
1 300	1 300	0	1 900	1 900	0	64.1	74.6
260	267	– 7	424	516	– 92	68.9	69.5
580	495	85	976	916	60	64.2	66.2
10 998	10 037	961	20 552	19 088	1 464	44.0	46.9
644	643	1	1 278	1 274	4	41.0	41.2
216	217	– 1	312	376	– 64	53.1	52.8
428	425	3	588	505	83	53.7	58.0
272	341	– 69	544	682	– 138	77.7	78.6
295	294	1	380	378	2	65.0	79.0
3 151	2 793	358	6 543	5 498	1 045	48.2	56.1
216	216	0	430	430	0	59.2	65.6
204	240	– 36	408	480	– 72	64.2	68.0
5 098	4 038	1 060	10 148	8 573	1 575	29.5	34.3
212	212	0	414	414	0	27.6	31.0

6－4 续表 1

城市名称 NAME OF CITY		饭店名称 NAME OF HOTEL	饭店数(座) NUMBER OF HOTELS 1998年 1998	1997年 1997	增减 INCREASE
承德	CHENGDE		17	11	6
#	OF WHICH	承德宾馆 CHENGDE			
		云山饭店 YUNSHAN			
太原	TAIYUAN		17	18	－1
#	OF WHICH	山西大酒店 SHANXI			
		并州饭店 BINGZHOU			
大同	DATONG		8	8	0
#	OF WHICH	大同宾馆 DATONG			
呼和浩特	HOHHOT		16	14	2
#	OF WHICH	昭君大酒店 ZHAOJUN			
		内蒙古饭店 INNER MONGOLIA			
沈阳	SHENYANG		69	66	3
#	OF WHICH	凤凰饭店 PHOENIX			
		沈阳玫瑰大酒店 ROSE			
大连	DALIAN		80	75	5
#	OF WHICH	九州假日饭店 HOLIDAYINN			
		南山宾馆 SOUTH HILL			
		棒棰岛宾馆 BANGCHUI ISLAND			
		富丽华大酒店 FURAMA			
长春	CHANGCHUN		35	26	9
#	OF WHICH	长白山宾馆 CHANGBAISHAN			
		长春宾馆 CHANGCHUN			
吉林	JILIN		19	17	2
#	OF WHICH	东关宾馆 DONGGUAN			
延边	YANBIAN		44	35	9
#	OF WHICH	白山大厦 BAISHAN			
哈尔滨	HARBIN		48	42	6
#	OF WHICH	华侨饭店 OVERSEAS CHINESE			
		天鹅饭店 SWAN			
上海	SHANGHAI		136	127	9
#	OF WHICH	花园饭店 GARDEN			
		静安希尔顿大酒店 HILTON			
		波特曼香格里拉酒店 PORTMAN SHANGRI－LA			
		锦沧文化大酒店 MANDARIN			
		新锦江大酒店 JINJIANG TOWER			
		锦江饭店 JINJIANG			
		和平饭店 PEACE			
		虹桥宾馆 HONGQIAO			
		华亭宾馆 HUATING			
		上海宾馆 SHANGHAI			

客房数(间) NUMBER OF ROOMS			床位数(张) NUMBER OF BEDS			客房出租率(%) ROOM OCCUPANCY (%)	
1998 年 1998	1997 年 1997	增 减 INCREASE	1998 年 1998	1997 年 1997	增 减 INCREASE	1998 年 1998	1997 年 1997
1 839	1 490	349	3 848	3 124	724	37.0	41.9
154	52	102	308	116	192	39.9	31.5
208	219	-11	396	440	-44	31.2	35.8
2 806	2 807	-1	5 757	5 702	55	53.6	56.5
164	164	0	272	272	0	60.9	66.5
326	326	0	662	662	0	46.2	56.8
771	815	-44	1 615	1 718	-103	39.9	51.5
180	180	0	365	365	0	36.0	53.2
1 977	1 767	210	3 948	3 698	250	57.6	57.8
262	250	12	524	500	24	52.9	63.4
247	247	0	494	494	0	60.4	71.2
8 995	7 849	1 146	16 738	14 723	2 015	51.0	48.8
235	235	0	440	440	0	54.7	43.0
136	136	0	254	256	-2	69.3	52.9
11 500	11 277	223	20 119	19 848	271	50.3	60.4
406	405	1	606	596	10	56.0	60.3
97	97	0	194	194	0	44.8	60.3
263	275	-12	493	517	-24	34.9	54.9
778	778	0	850	850	0	48.8	51.8
5 088	4 237	851	9 277	8 124	1 153	51.1	50.2
269	269	0	538	538	0	48.5	49.0
258	260	-2	507	511	-4	63.2	75.2
1 600	1 540	60	3 265	3 210	55	44.4	47.5
109	170	-61	235	350	-115	41.8	28.5
3 408	3 126	282	7 010	6 377	633	34.8	40.7
263	263	0	522	522	0	-	44.8
7 507	5 981	1 526	15 093	12 562	2 531	33.6	49.7
230	321	-91	460	656	-196	34.4	54.2
240	240	0	460	460	0	-	52.1
30 987	30 763	224	55 174	55 118	56	56.9	62.6
500	500	0	880	880	0	65.6	74.2
720	772	-52	958	1 000	-42	60.8	69.3
520	600	-80	647	769	-122	69.6	75.4
513	513	0	723	786	-63	56.4	63.2
640	640	0	1 050	1 050	0	58.6	64.7
470	534	-64	578	1 030	-452	64.1	70.8
284	415	-131	460	803	-343	63.5	54.8
625	634	-9	1 100	1 142	-42	56.4	71.1
770	770	0	1 260	1 260	0	43.9	53.7
543	571	-28	896	1 032	-136	45.9	62.3

6－4 续表 2

城市名称 NAME OF CITY	饭店名称 NAME OF HOTEL	饭店数(座) NUMBER OF HOTELS 1998年 1998	1997年 1997	增减 INCREASE
南京 NANJING		92	103	－11
# OF WHICH	南京饭店 NANJING			
	丁山宾馆 DINGSHAN			
	金陵饭店 JIN LING			
	中心大酒店 CENTRAL			
	玄武饭店 XUAN WU			
无锡 WUXI		58	52	6
# OF WHICH	湖滨饭店 HUBIN			
	无锡大饭店 WUXI			
苏州 SUZHOU		63	59	4
# OF WHICH	苏州饭店 SUZHOU			
	南林饭店 NANLIN			
	竹辉饭店 BAMBOO GROVE			
南通 NANTONG		18	16	2
# OF WHICH	南通大饭店 NANTONG			
连云港 LIANYUNGANG		16	16	0
# OF WHICH	神州宾馆 SHENZHOU			
	天然居宾馆 TIAN RAN JU			
杭州 HANGZHOU		102	77	25
# OF WHICH	香格里拉饭店 SHANGRI－LA			
	友好饭店 FRIENDSHIP			
	望湖宾馆 WANGHU			
	华侨饭店 HUAQIAO			
	黄龙饭店 HUANGLONG			
宁波 NINGBO		55	48	7
# OF WHICH	亚洲华园宾馆 ASIA GARDEN			
	宁波饭店 NINGBO			
温州 WENZHOU		36	30	6
# OF WHICH	华侨饭店 HUAQIAO			
合肥 HEFEI		18	13	5
# OF WHICH	安徽饭店 ANHUI			
黄山 HUANGSHAN		35	43	－8
# OF WHICH	西海饭店 XIHAI			
	桃源宾馆 TAOYUAN			
福州 FUZHOU		38	32	6
# OF WHICH	东湖宾馆 EAST LAKE			
	温泉大酒店 WENQUAN			
	闽江饭店 MINJIANG			
	外贸中心酒店 FOREIGN TRADE			
厦门 XIAMEN		79	70	9

客房数(间) NUMBER OF ROOMS			床位数(张) NUMBER OF BEDS			客房出租率(%) ROOM OCCUPANCY (%)	
1998 年 1998	1997 年 1997	增 减 INCREASE	1998 年 1998	1997 年 1997	增 减 INCREASE	1998 年 1998	1997 年 1997
13 251	12 214	1 037	25 136	23 087	2 049	48.8	53.6
309	306	3	425	425	0	56.5	50.1
119	119	0	215	215	0	59.1	65.4
600	600	0	965	902	63	60.7	68.5
326	327	-1	650	650	0	65.0	65.7
377	377	0	696	696	0	60.7	58.7
7 958	6 519	1 439	14 806	12 312	2 494	50.6	50.8
358	363	-5	699	726	-27	52.7	59.7
371	386	-15	593	534	59	45.3	57.8
7 285	6 538	747	14 086	12 775	1 311	49.4	51.4
306	306	0	600	599	1	46.3	50.3
252	252	0	500	500	0	52.7	57.9
365	352	13	610	630	-20	53.2	66.5
2 890	2 732	158	5 495	5 348	147	59.2	57.6
280	280	0	480	480	0	65.3	57.0
1 201	1 154	47	2 442	2 362	80	40.8	44.4
92	92	0	159	159	0	44.0	39.7
105	105	0	197	197	0	45.7	45.5
16 723	12 781	3 942	32 234	24 148	8 086	59.3	58.2
387	387	0	774	774	0	68.1	73.2
222	222	0	352	352	0	61.3	73.4
406	413	-7	706	706	0	62.7	66.2
205	245	-40	410	450	-40	77.3	59.9
570	555	15	908	1 045	-137	46.4	55.7
6 545	5 460	1 085	12 958	10 580	2 378	62.1	57.3
170	170	0	297	297	0	60.5	54.1
103	102	1	204	204	0	73.3	75.8
4 290	3 322	968	8 055	6 303	1 752	69.1	67.0
206	216	-10	371	391	-20	82.1	88.4
3 293	2 127	1 166	6 288	4 479	1 809	55.9	62.6
439	427	12	817	800	17	48.5	63.5
3 438	4 147	-709	7 336	10 267	-2 931	40.7	40.1
128	128	0	256	256	0	42.4	54.5
147	147	0	254	300	-46	45.5	64.2
4 656	5 275	-619	8 477	10 115	-1 638	52.5	56.4
291	291	0	569	569	0	50.0	48.1
304	304	0	551	551	0	49.8	48.9
399	308	91	698	697	1	44.7	51.5
397	257	140	483	345	138	50.7	54.8
8 646	8 041	605	16 719	15 872	847	47.0	50.4

6－4 续表 3

城 市 名 称 NAME OF CITY			饭 店 名 称 NAME OF HOTEL	饭店数(座) NUMBER OF HOTELS 1998 年 1998	1997 年 1997	增 减 INCREASE
	#	OF WHICH	海景大酒店 HARBOUR VIEW 华侨大厦 HUAQIAO 鹭江宾馆 LUJIANG 悦华酒店 MANDARIN			
泉	州	QUANZHOU		21	16	5
	#	OF WHICH	华侨大厦 HUA QIAO			
漳	州	ZHANGZHOU		9	7	2
	#	OF WHICH	漳州宾馆 ZHANGZHOU			
南	昌	NANCHANG		26	23	3
	#	OF WHICH	江西宾馆 JIANGXI			
九	江	JIUJIANG		12	13	－1
	#	OF WHICH	南湖宾馆 SOUTH LAKE			
济	南	JINAN		42	38	4
	#	OF WHICH	齐鲁宾馆 QILU			
青	岛	QINGDAO		63	70	－7
	#	OF WHICH	汇泉王朝大酒店 HUIQUAN 海天大酒店 HAITIAN			
烟	台	YANTAI		73	73	0
	#	OF WHICH	芝罘宾馆 ZHIFU			
威	海	WEIHAI		47	39	8
	#	OF WHICH	威海卫大厦 WEIHAI WEI			
郑	州	ZHENGZHOU		46	36	10
	#	OF WHICH	雅高国际饭店 INTERNATIONAL 中州宾馆 ZHONGZHOU			
洛	阳	LUOYANG		17	13	4
	#	OF WHICH	友谊宾馆 FRIENDSHIP			
武	汉	WUHAN		72	63	9
	#	OF WHICH	长江大酒店 CHANGJIANG 蓝天宾馆 LIANTIAN			
长	沙	CHANGSHA		37	33	4
	#	OF WHICH	华天大酒店 HUATIAN 芙蓉宾馆 FURONG 湘江宾馆 XIANGJIANG			
广	州	GUANGZHOU		293	291	2
	#	OF WHICH	白天鹅宾馆 WHITE SWAN 中国大酒店 CHINA 花园酒店 GARDEN 东方宾馆 DONGFANG 白云宾馆 BAIYUN 华侨酒店 HUAQIAO			

客房数(间) NUMBER OF ROOMS			床位数(张) NUMBER OF BEDS			客房出租率(%) ROOM OCCUPANCY (%)	
1998 年 1998	1997 年 1997	增　减 INCREASE	1998 年 1998	1997 年 1997	增　减 INCREASE	1998 年 1998	1997 年 1997
338	338	0	565	565	0	77.2	73.2
294	235	59	537	482	55	50.4	26.6
153	129	24	275	240	35	61.4	74.3
182	208	-26	303	341	-38	59.9	64.0
950	1 965	-1 015	1 770	3 721	-1 951	35.4	56.8
235	235	0	457	457	0	-	69.3
443	1 064	-621	864	2 095	-1 231	55.9	62.2
295	295	0	457	457	0	58.3	69.3
4 724	3 809	915	9 616	7 667	1 949	54.1	55.1
231	247	-16	408	445	-37	46.8	53.9
1 371	1 470	-99	2 929	3 005	-76	22.5	49.1
133	133	0	265	265	0	-	32.8
5 946	4 728	1 218	11 508	9 450	2 058	47.3	51.6
229	229	0	458	484	-26	50.5	58.5
8 559	9 282	-723	16 177	18 741	-2 564	47.3	49.3
406	420	-14	563	840	-277	40.1	44.3
606	606	0	1 200	1 200	0	52.9	58.7
7 575	6 798	777	15 303	14 084	1 219	49.3	35.8
110	119	-9	223	221	2	59.1	25.4
4 126	3 493	633	8 532	7 031	1 501	36.4	38.9
194	194	0	368	367	1	61.4	55.3
2 289	4 823	-2 534	4 576	10 052	-5 476	50.7	61.8
250	250	0	466	475	-9	46.0	64.6
260	260	0	520	520	0	68.4	82.0
1 715	1 622	93	3 349	3 250	99	43.8	62.0
125	121	4	252	252	0	54.6	74.6
9 197	8 536	661	17 645	16 727	918	46.6	59.1
184	188	-4	294	311	-17	47.0	58.4
290	290	0	556	561	-5	74.5	81.9
6 772	4 417	2 355	13 097	9 017	4 080	59.0	58.3
286	289	-3	433	433	0	59.6	67.5
249	251	-2	401	401	0	49.3	60.6
300	304	-4	600	854	-254	73.3	72.3
119 689	119 866	-177	248 661	238 393	10 268	61.0	61.1
843	843	0	1 600	1 600	0	68.7	76.5
888	1 013	-125	1 710	2 026	-316	58.8	56.5
921	957	-36	1 453	1 029	424	66.7	72.7
1 083	1 066	17	2 080	2 132	-52	56.4	64.1
714	792	-78	1 556	1 554	2	62.8	66.5
392	393	-1	760	778	-18	70.0	77.6

6－4 续表 4

城市名称 NAME OF CITY	饭店名称 NAME OF HOTEL	饭店数(座) NUMBER OF HOTELS 1998 年 1998	 1997 年 1997	 增减 INCREASE
	广州宾馆 GUANGZHOU			
	远洋宾馆 YUANYANG			
	流花宾馆 LIUHUA			
	南湖宾馆 SOUTH LAKE			
	国际大酒店 INTERNATIONAL			
深圳 SHENZHEN		237	243	－6
# OF WHICH	香格里拉大酒店 SHANGRI－LA			
	新都酒店 CENTURY PLAZA			
	晶都酒店 ORIENTAL REGENT			
	西丽湖度假村 XILILAKE			
	香蜜湖度假村 HONEY LAKE			
	深圳湾大酒店 SHENZHEN BAY			
	银湖旅游中心 SILVER LAKE			
	石岩湖度假村 SHIYAN LAKE			
	金碧酒店 GOLDEN LUSTRE			
珠海 ZHUHAI		45	40	5
# OF WHICH	珠海宾馆 ZHUHAI			
	石景山旅游中心 SHIJINGSHAN			
	拱北宾馆 GONGBEI			
	珠海度假村 ZHUHAI			
汕头 SHANTOU		36	31	5
# OF WHICH	国际大酒店 INTERNATIONAL			
	龙湖宾馆 LONGHU			
湛江 ZHANJIANG		23	33	－10
# OF WHICH	广州湾华侨酒店 CANTON BAY			
	环球大酒店 UNIVERSAL			
中山 ZHONGSHAN		41	32	9
# OF WHICH	富华酒店 FUHUA			
	国际酒店 INTERNATIONAL			
	中山温泉 HOT SPRING			
南宁 NANNING		20	18	2
# OF WHICH	邕江饭店 YONGJIANG			
	西园饭店 XIYUAN			
桂林 GUILIN		28	28	0
# OF WHICH	桂林宾馆 GUILIN			
	新城市酒店 NEW CITY			
	桂山大酒店 GUISHAN			
	帝苑酒店 ROYAL GARDEN			
	漓江饭店 LIJIANG			
北海 BEIHAI		20	24	－4

客房数(间) NUMBER OF ROOMS			床位数(张) NUMBER OF BEDS			客房出租率(%) ROOM OCCUPANCY (%)	
1998 年 1998	1997 年 1997	增 减 INCREASE	1998 年 1998	1997 年 1997	增 减 INCREASE	1998 年 1998	1997 年 1997
263	263	0	560	526	34	68.0	72.2
249	226	23	430	430	0	80.2	75.9
554	554	0	1 108	1 108	0	63.9	65.3
156	205	-49	320	410	-90	39.1	40.1
704	702	2	1 194	989	205	54.4	65.3
24 936	25 991	-1 055	46 937	50 870	-3 933	55.4	57.3
522	522	0	815	815	0	72.1	74.1
428	350	78	764	752	12	56.0	58.4
373	406	-33	677	721	-44	58.7	41.5
276	276	0	546	522	24	28.5	35.2
218	220	-2	438	440	-2	37.2	48.4
308	308	0	648	648	0	62.6	68.4
197	197	0	400	400	0	68.3	60.9
280	280	0	600	600	0	29.8	25.7
311	245	66	588	502	86	65.6	71.5
5 889	5 894	-5	11 807	12 220	-413	58.0	60.0
318	413	-95	636	796	-160	53.3	63.8
163	163	0	263	263	0	69.6	69.0
210	210	0	523	523	0	43.4	52.2
474	476	-2	1 104	1 167	-63	59.0	66.9
4 459	3 329	1 130	8 717	6 466	2 251	46.7	53.4
347	348	-1	615	585	30	51.2	61.5
248	158	90	476	350	126	59.7	76.5
2 712	2 936	-224	5 148	5 587	-439	45.5	45.3
239	274	-35	468	585	-117	47.8	61.5
170	158	12	290	350	-60	54.2	76.5
3 924	3 432	492	7 536	6 826	710	49.8	47.7
372	356	16	701	720	-19	59.1	60.5
369	369	0	670	670	0	56.7	46.6
260	260	0	520	520	0	51.9	55.6
4 777	4 293	484	9 236	8 425	811	54.4	52.3
376	359	17	694	689	5	61.6	55.0
318	318	0	684	684	0	46.7	43.0
6 245	6 200	45	12 132	12 226	-94	56.5	56.2
242	242	0	484	484	0	64.0	63.7
290	283	7	580	566	14	73.8	72.9
670	657	13	1 140	1 140	0	40.6	30.9
335	335	0	650	657	-7	60.5	65.1
378	378	0	756	756	0	67.0	62.3
2 815	3 135	-320	5 587	6 082	-495	40.1	39.6

城市名称 NAME OF CITY		饭店名称 NAME OF HOTEL	饭店数(座) NUMBER OF HOTELS 1998年 1998	1997年 1997	增减 INCREASE
	# OF WHICH	富丽华大酒店 FURAMA			
		北海迎宾馆 BEIHAI			
海口	HAIKOU		90	75	15
	# OF WHICH	海口宾馆 HAIKOU			
		南天大酒店 NANTIAN			
		华侨大厦 HUAQIAO			
		泰华酒店 TAIHUA			
三亚	SANYA		78	48	30
	# OF WHICH	国际大酒店 INTERNATIONAL			
		金陵度假村 JINLING			
		三亚宾馆 SANYA			
重庆	CHONGQING		52	48	4
	# OF WHICH	扬子江假日饭店 HOLIDAY INN YANGZE			
		人民宾馆 RENMIN			
		重庆饭店 CHONGQING			
成都	CHENGDU		78	66	12
	# OF WHICH	成都饭店 CHENGDU			
		锦江宾馆 JINJIANG			
		岷山饭店 MINSHAN			
贵阳	GUIYANG		22	22	0
	# OF WHICH	花溪宾馆 HUAXI			
		贵州饭店 GUIZHOU			
昆明	KUNMING		33	31	2
	# OF WHICH	金龙饭店 GOLDEN DRAGON			
		昆明饭店 KUNMING			
		翠湖宾馆 GREENLAKE			
拉萨	LHASA		17	12	5
	# OF WHICH	拉萨假日酒店 HOLIDAY INN			
西安	XI'AN		37	39	－2
	# OF WHICH	人民大厦 RENMIN			
		唐城宾馆 TANGCHENG			
		金花饭店 GOLDEN FLOWER			
		西安宾馆 XI'AN			
		建国饭店 JIANGUO			
兰州	LANZHOU		15	14	1
	# OF WHICH	华谊宾馆 HUAYI			
		金城宾馆 JINCHENG			
		胜利宾馆 SHENGLI			

客房数(间) NUMBER OF ROOMS			床位数(张) NUMBER OF BEDS			客房出租率(%) ROOM OCCUPANCY (%)	
1998 年 1998	1997 年 1997	增 减 INCREASE	1998 年 1998	1997 年 1997	增 减 INCREASE	1998 年 1998	1997 年 1997
318	311	7	620	620	0	33.0	33.9
152	152	0	293	293	0	31.6	45.7
5 939	9 334	- 3 395	10 833	17 723	- 6 890	50.4	51.3
200	200	0	394	394	0	63.1	60.8
182	182	0	359	359	0	65.0	75.6
312	312	0	576	576	0	40.4	45.1
240	240	0	430	430	0	71.2	67.9
7 570	5 285	2 285	14 514	10 240	4 274	40.9	43.1
203	203	0	406	406	0	43.0	49.0
138	138	0	265	265	0	61.9	64.3
99	99	0	208	208	0	22.0	34.9
7 880	5 740	2 140	15 936	14 775	1 161	46.4	51.1
379	387	- 8	726	600	126	58.3	66.8
227	213	14	426	426	0	46.5	59.2
200	200	0	369	369	0	28.2	46.2
13 238	11 163	2 075	25 487	21 762	3 725	45.9	48.9
199	147	52	369	270	99	35.6	51.6
523	523	0	960	907	53	53.0	60.6
336	336	0	564	584	- 20	46.0	45.1
3 265	2 570	695	6 614	5 394	1 220	63.2	61.2
60	60	0	190	190	0	29.6	85.6
400	480	- 80	786	1 256	- 470	56.0	70.3
5 877	4 994	883	11 433	9 986	1 447	56.2	61.1
290	290	0	525	574	- 49	61.6	68.0
322	355	- 33	614	642	- 28	71.5	76.9
450	450	0	710	776	- 66	26.4	31.3
2 226	1 896	330	4 738	4 045	693	43.0	35.1
468	450	18	919	919	0	26.8	30.4
8 029	10 592	- 2 563	15 136	22 336	- 7 200	60.4	57.5
570	570	0	1 140	1 140	0	55.5	51.9
372	372	0	74	744	- 670	60.8	58.1
515	435	80	1 030	733	297	68.4	61.7
520	520	0	1 040	1 040	0	51.4	46.7
780	658	122	1 197	1 197	0	58.0	52.1
3 713	3 262	451	7 708	6 810	898	63.5	66.8
677	594	83	1 379	1 333	46	76.0	62.3
311	311	0	622	620	2	34.7	37.6
452	309	143	1 102	637	465	68.1	88.1

6－4 续表 6

城市名称 NAME OF CITY	饭店名称 NAME OF HOTEL	饭店数(座) NUMBER OF HOTELS		
		1998 年 1998	1997 年 1997	增减 INCREASE
敦煌 DUNHUANG		11	11	0
# OF WHICH	敦煌宾馆 DUNHUANG			
西宁 XINING		9	9	0
# OF WHICH	西宁宾馆 XINING			
银川 YINCHUAN		18	12	6
# OF WHICH	宁夏宾馆 NINGXIA			
乌鲁木齐 URUMQI		53	40	13
# OF WHICH	友谊宾馆 FRIENDSHIP1			
	昆仑宾馆 KUNLUN			

客房数(间) NUMBER OF ROOMS			床位数(张) NUMBER OF BEDS			客房出租率(%) ROOM OCCUPANCY (%)	
1998 年 1998	1997 年 1997	增 减 INCREASE	1998 年 1998	1997 年 1997	增 减 INCREASE	1998 年 1998	1997 年 1997
1 032	965	67	2 142	1 978	164	33.9	35.3
203	196	7	426	384	42	45.4	41.6
1 409	1 267	142	2 851	2 579	272	44.7	48.1
313	315	-2	626	706	-80	35.8	41.7
2 004	1 511	493	4 146	3 232	914	45.9	43.3
93	224	-131	163	446	-283	26.1	35.0
7 635	4 758	2 877	15 105	10 355	4 750	47.0	49.5
134	134	0	268	268	0	17.8	30.0
429	425	4	846	838	8	32.8	31.0

6-5 1998年主要城市旅游涉外饭店基本经济指标

MAJOR STATISTICS OF HOTELS IN EACH CITY 1998

单位:万　元

UNIT : 0000 RMB ¥

城　市 NAME OF CITY		营业收入 TOTAL REVENUE	# 客房收入 ROOM REVENUE	# 餐饮收入 FOOD & BEVERAGE
北　京	BEIJING	1 326 365.72	495 955.54	278 941.81
天　津	TIANJIN	118 588.38	55 589.82	28 663.11
石家庄	SHIJIAZHUANG	52 886.91	11 788.24	16 634.82
秦皇岛	QINHUANGDAO	14 604.92	7 404.53	5 695.01
承　德	CHENGDE	6 683.58	3 715.89	2 249.83
太　原	TAIYUAN	21 093.65	12 584.29	6 309.53
大　同	DATONG	3 866.94	1 726.54	1 588.03
呼和浩特	HOHHOT	12 215.26	5 602.99	5 341.96
沈　阳	SHENYANG	81040.00	43 193.00	26 439.00
大　连	DALIAN	112 989.24	58 164.39	39 028.98
长　春	CHANGCHUN	49 668.63	24 175.19	18 952.49
吉　林	JILIN	10 634.49	5 972.86	3 233.86
延　边	YANBIAN	10 944.21	4 910.64	4 594.54
哈尔滨	HARBIN	42 591.00	32 454.40	6 053.50
上　海	SHANGHAI	563 752.99	295 207.34	178 992.60
南　京	NANJING	203 683.67	59 429.74	60 810.36
无　锡	WUXI	74 466.27	28 857.84	36 281.92
苏　州	SUZHOU	78 593.70	34 114.91	36 212.04
南　通	NANTONG	26 809.96	14 435.74	10 747.98
连云港	LIANYUNGANG	11 081.22	3 615.51	3 683.35
杭　州	HANGZHOU	253 602.75	86 020.22	68 563.06
宁　波	NINGBO	87 569.24	37 117.20	36 244.75
温　州	WENZHOU	56 276.33	28 990.97	22 642.17
合　肥	HEFEI	32 965.24	15 250.07	12 368.13
黄　山	HUANGSHAN	18 696.70	10 011.05	6 149.54
福　州	FUZHOU	63 227.00	29 590.16	20 212.41
厦　门	XIAMEN	90 233.26	42 692.74	31 347.13
泉　州	QUANZHOU	33 043.10	8 457.55	13 663.39
漳　州	ZHANGZHOU	8 644.83	4 535.98	3 021.91
南　昌	NANCHANG	40 875.11	19 833.24	16 748.06

6-5 续表

城　　市 NAME OF CITY	营业收入 TOTAL REVENUE	# 客房收入 ROOM REVENUE	# 餐饮收入 FOOD & BEVERAGE
九　江 JIUJIANG	6 077.81	3 662.75	1 716.33
济　南 JINAN	52 479.59	23 794.74	20 894.55
青　岛 QINGDAO	85 984.05	40 185.57	33 495.57
烟　台 YANTAI	40 620.15	16 090.00	21 261.17
威　海 WEIHAI	55 842.18	18 647.35	26 110.72
郑　州 ZHENGZHOU	40 829.90	21 293.39	13 513.81
洛　阳 LUOYANG	11 396.86	4 770.46	5 272.81
武　汉 WUHAN	89 430.57	41 956.82	32 441.49
长　沙 CHANGSHA	74 074.59	33 942.63	28 815.63
广　州 GUANGZHOU	1 406 830.57	598 724.43	462 388.88
深　圳 SHENZHEN	385 800.24	150 382.70	170 358.41
珠　海 ZHUHAI	104 549.97	49 167.90	39 243.04
汕　头 SHANTOU	45 297.21	21 895.53	15 218.99
湛　江 ZHANJIANG	17 596.34	8 037.82	7 510.60
中　山 ZHONGSHAN	52 023.12	17 636.15	25 701.28
南　宁 NANNING	46 889.93	17 844.57	21 735.49
桂　林 GUILIN	38 424.33	20 336.12	13 356.32
北　海 BEIHAI	14 092.96	7 058.99	5 421.83
海　口 HAIKOU	69 959.31	37 742.44	21 165.33
三　亚 SANYA	31 981.52	19 834.60	9 543.32
重　庆 CHONGQING	61 953.98	31 311.09	21 646.30
成　都 CHENGDU	92 979.96	50 714.47	38 789.72
贵　阳 GUIYANG	21 741.44	11 723.21	6 177.12
昆　明 KUNMING	65 371.41	28 652.63	19 120.38
拉　萨 LHASA	9 769.51	6 393.01	2 848.52
西　安 XI'AN	77 930.20	44 441.86	21 816.97
兰　州 LANZHOU	20 877.35	9 715.12	6 920.19
西　宁 XINING	8 500.27	4 453.23	2 719.09
银　川 YINCHUAN	10 893.21	4 267.83	4 973.51
乌鲁木齐 URUMQI	38 003.20	18 262.28	13 708.69

6-6 1998年* 全国国有经济饭店

MAJOR STATISTICS IN STATE

地方/项目 LOCALITY/ITEM		全员劳动生产率（万元/人）OLP (0000 RMB ¥/PER)	人均实现利润（万元/人）AP (0000 RMB ¥/PER)	人均实现利税（万元/人）APT (0000 RMB ¥/PER)	人均占用固定资产原值（万元/人）AF (0000 RMB ¥/PER)	平均客房出租率（%）AOR (%)
总计	**TOTAL**	**5.89**	**-0.34**	**-0.06**	**16.09**	**50.46**
北京	BEIJING	6.94	-0.29	0.06	24.79	50.86
天津	TIANJIN	3.63	-0.55	-0.40	10.46	42.44
河北	HEBEI	5.44	-0.12	0.13	10.92	39.40
山西	SHANXI	3.72	-0.24	-0.05	9.57	46.75
内蒙古	INNERMONGOLIA	3.91	-0.24	0.00	8.08	51.79
辽宁	LIAONING	3.82	-0.76	-0.57	17.83	48.31
吉林	JILIN	3.29	-0.85	-0.69	14.47	43.66
黑龙江	HEILONGJIANG	3.93	-0.35	-0.17	8.33	46.37
上海	SHANGHAI	8.60	-0.48	-0.04	23.37	56.43
江苏	JIANGSU	7.10	-0.55	-0.26	16.09	48.86
浙江	ZHEJIANG	6.60	-0.28	0.02	18.48	57.16
安徽	ANHUI	3.83	-0.04	0.14	9.17	47.84
福建	FUJIAN	5.49	-0.33	-0.03	12.62	44.83
江西	JIANGXI	5.02	-0.35	-0.11	12.40	43.08
山东	SHANDONG	4.52	-0.57	-0.34	16.55	44.68
河南	HENAN	7.85	-1.22	-0.81	34.79	52.66
湖北	HUBEI	3.63	-0.48	-0.31	15.28	43.97
湖南	HUNAN	5.30	-0.10	0.18	13.50	55.26
广东	GUANGDONG	9.32	0.22	0.66	16.40	56.57
广西	GUANGXI	3.31	-0.55	-0.38	12.29	49.44
海南	HAINAN	5.99	-2.49	-2.18	22.10	47.07
重庆	CHONGQING	5.17	-0.42	-0.13	12.40	45.67
四川	SICHUAN	3.76	-0.61	-0.42	14.54	46.55
贵州	GUIZHOU	3.46	-0.11	0.08	11.26	62.72
云南	YUNNAN	6.23	-0.54	-0.22	14.61	51.26
西藏	TIBET	5.74	0.89	1.13	11.39	39.77
陕西	SHAANXI	6.28	-0.88	-0.58	19.49	57.80
甘肃	GANSU	3.29	-0.06	0.12	11.10	58.56
青海	QINGHAI	3.44	-0.90	-0.73	13.00	45.89
宁夏	NINGXIA	2.93	-0.56	-0.40	13.26	42.31
新疆	XINJIANG	2.89	-0.09	0.06	6.35	51.22

注： * 本表是全国3639家国有经济饭店汇总资料。

NOTES: * THE TABLE INCLUDE ALL THE 3639 STATE-OWNED HOTELS.

OLP: OVERALL LABOUR PRODUCTIVITY

APT: AVERAGE PROFIT & TAX CONTRIBUTION PER CAPITA

主要经济效益指标
- OWNED HOTELS 1998

百元固定资产创营业收入（元）REVENUE/100F.A（RMB ¥）	营业收入总额（万元）TOTAL REVENUE（0000RMB ¥）	营业收入构成(%) BREAKDOWN OF TOTAL REVENUE			
		客 房 ROOM	餐 饮 F & B	商 品 SHOP-PING	其 它 OTHER
36.55	**3 638 660.79**	**45.02**	**35.26**	**6.88**	**12.84**
27.98	400 585.38	45.83	24.31	2.74	27.12
34.70	30 384.48	53.78	27.60	5.35	13.27
49.82	118 436.26	34.53	39.21	7.82	18.44
38.80	34 925.08	57.02	33.27	3.47	6.24
48.32	27 794.33	43.80	46.19	4.05	5.96
21.44	93 217.73	53.36	34.50	3.56	8.58
22.76	48 069.37	51.56	37.07	3.32	8.05
47.20	49 077.48	72.51	21.37	1.58	4.54
36.80	262 670.23	51.22	31.66	5.58	11.54
44.12	372 050.93	35.01	37.76	14.37	12.86
35.72	223 294.42	41.06	38.01	13.34	7.59
41.72	73 253.95	47.77	38.09	8.37	5.77
43.56	44 837.75	52.82	37.01	2.02	8.15
40.45	50 407.24	49.48	40.28	3.03	7.21
27.33	199 063.25	38.80	46.27	5.70	9.23
22.56	44 796.01	52.32	36.46	2.66	8.56
23.77	115 474.88	43.55	41.69	5.78	8.98
39.21	101 125.93	48.49	39.00	2.95	9.56
56.83	885 103.34	43.64	35.57	7.98	12.81
26.90	69 195.16	42.56	45.15	4.58	7.71
27.11	29 338.41	61.36	27.11	1.02	10.51
41.68	46 705.16	48.58	35.27	1.83	14.32
25.84	91 722.62	51.61	34.18	4.06	10.15
30.76	28 636.71	46.98	31.16	6.15	15.71
42.62	70 088.90	44.39	32.46	6.90	16.25
50.44	3 756.91	68.98	25.41	0.29	5.32
32.23	40 339.89	54.93	28.74	4.10	12.23
29.64	29 876.82	46.36	34.40	9.65	9.59
26.45	9 504.09	53.77	31.18	8.93	6.12
22.12	12 412.40	39.04	46.08	2.23	12.65
45.49	32 515.68	55.54	35.38	2.28	6.80

AP: AVERAGE PROFIT
AF: AVERAGE FIXED ASSETS
AOR: AVERAGE OCCUPANCY RATE
100F. A: 100 RMB ¥ FIXED ASSETS
F&B: FOOD AND BEVERAGE

6-7 1998年* 全国星

MAJOR STATISTICS IN

地方/项目 LOCALITY/ITEM		全员劳动生产率（万元/人）OLP (0000 RMB￥/PER)	人均实现利润（万元/人）AP (0000 RMB￥/PER)	人均实现利税（万元/人）APT (0000 RMB￥/PER)	人均占用固定资产原值（万元/人）AF (0000 RMB￥/PER)	平均客房出租率（%）AOR (%)
总计	**TOTAL**	**7.15**	**-0.47**	**-0.12**	**18.99**	**52.29**
北京	BEIJING	11.06	-0.09	0.45	26.54	55.06
天津	TIANJIN	5.94	-1.19	-0.90	13.04	42.77
河北	HEBEI	5.80	-0.01	0.25	12.27	38.83
山西	SHANXI	3.78	-0.29	-0.09	10.93	48.46
内蒙古	INNERMONGOLIA	3.18	-0.29	-0.11	10.63	54.30
辽宁	LIAONING	5.50	-0.89	-0.60	23.73	51.58
吉林	JILIN	3.87	-1.38	-0.43	20.30	45.86
黑龙江	HEILONGJIANG	3.82	-0.63	-0.08	10.25	37.83
上海	SHANGHAI	10.99	-0.67	-0.14	25.07	57.04
江苏	JIANGSU	7.56	-0.46	0.34	17.03	51.60
浙江	ZHEJIANG	8.49	-0.02	0.17	19.98	61.06
安徽	ANHUI	4.66	-0.05	-0.15	11.73	49.28
福建	FUJIAN	7.32	-0.52	-0.24	14.43	48.23
江西	JIANGXI	5.14	-0.50	-0.47	12.64	47.92
山东	SHANDONG	5.30	-0.75	-0.60	17.31	46.68
河南	HENAN	5.65	-0.91	-0.42	20.50	53.04
湖北	HUBEI	4.01	-0.60	0.20	16.49	43.75
湖南	HUNAN	5.48	-0.10	0.29	17.90	57.87
广东	GUANGDONG	7.92	-0.09	-1.24	18.55	57.03
广西	GUANGXI	4.77	-1.47	-1.51	18.12	53.55
海南	HAINAN	8.19	-1.96	-0.38	30.44	48.03
重庆	CHONGQING	6.21	-0.11	0.24	13.21	48.95
四川	SICHUAN	3.84	-0.58	0.08	14.44	47.80
贵州	GUIZHOU	4.11	-0.15	0.31	13.06	61.67
云南	YUNNAN	7.21	-0.06	1.08	16.40	53.19
西藏	TIBET	4.35	-0.86	-4.04	17.45	31.41
陕西	SHAANXI	8.66	-4.46	0.02	30.64	60.30
甘肃	GANSU	3.36	-0.17	-0.95	13.56	56.35
青海	QINGHAI	3.65	-1.13	-0.92	16.28	46.36
宁夏	NINGXIA	2.23	-1.03	-0.34	12.31	44.11
新疆	XINJIANG	3.78	-0.55	-0.12	11.10	49.95

注： * 本表是全国3248家星级饭店汇总资料。
NOTES: * THE TABLE INCLUDE ALL THE 3248 STAR-RATED HOTELS.
OLP: OVERALL LABOUR PRODUCTIVITY
APT: AVERAGE PROFIT & TAX CONTRIBUTION PER CAPITA
AP: AVERAGE PROFIT

级饭店主要经济效益指标
STAR – RATED HOTELS 1998

百元固定资产创营业收入（元） REVENUE/100F.A (RMB ¥)	营业收入总额（万元） TOTAL REVENUE (0000RMB ¥)	营业收入构成(%) BREAKDOWN OF TOTAL REVENUE 客房 ROOM	餐饮 F & B	商品 SHOP-PING	其它 OTHER
37.59	**5 322 912.03**	**43.59**	**34.22**	**7.38**	**14.82**
41.68	1 059 239.42	42.59	24.31	10.00	23.10
45.52	82 578.40	54.22	24.55	3.91	17.32
47.29	97 799.16	35.37	37.56	7.49	19.58
34.62	35 584.03	55.61	34.15	3.67	6.57
29.92	21 997.35	44.24	40.92	9.38	5.46
23.17	176 806.93	53.54	32.66	4.57	9.23
19.06	63 079.12	51.84	36.49	2.72	8.95
37.28	48 060.50	64.20	25.39	1.61	8.80
43.85	540 128.14	52.53	32.30	4.54	10.63
44.39	377 056.08	34.80	37.49	13.97	13.74
42.49	349 345.95	34.74	33.60	23.40	8.26
39.71	70 388.66	48.20	36.63	8.73	6.44
50.72	150 127.90	42.55	36.37	4.72	16.36
40.68	63 964.73	50.18	39.92	2.49	7.41
30.61	180 777.60	40.04	44.44	5.55	9.97
27.55	69 179.65	47.71	40.00	2.31	9.98
24.29	112 985.44	45.05	40.69	5.19	9.07
30.60	118 706.19	45.46	41.48	2.46	10.60
42.70	1 109 503.23	38.44	40.60	3.79	17.17
26.31	111 533.94	45.50	41.44	4.35	8.71
26.90	51 926.19	54.56	28.19	1.36	15.89
47.00	43 299.01	49.45	34.55	1.64	14.37
26.62	102 793.04	51.62	32.98	3.35	12.05
31.49	28 216.87	51.05	29.54	6.34	13.07
43.96	84 429.49	45.60	29.72	8.79	15.89
24.95	10 662.53	61.44	32.66	1.03	4.87
28.28	82 126.24	55.20	30.05	3.11	11.64
24.78	33 498.16	46.20	35.59	8.66	9.55
22.43	7 575.92	53.02	32.32	8.55	6.11
18.13	3 267.44	50.36	36.95	3.32	9.37
34.05	36 274.72	53.49	35.80	3.14	7.57

AF: AVERAGE FIXED ASSETS
AOR: AVERAGE OCCUPANCY RATE
100F.A: 100 RMB ¥ FIXED ASSETS
F&B: FOOD AND BEVERAGE

6－8 1998年全国各地区星级饭店数

NUMBER OF STAR－RATED HOTELS 1998

单位:座

UNIT : NUMBER

地 区 LOCALITY		星级饭店合计 TOTAL	五星级 FIVE－STAR	四星级 FOUR－STAR	三星级 THREE－STAR	二星级 TWO－STAR	一星级 ONE－STAR
总 计	**TOTAL**	**3 248**	**64**	**176**	**1 085**	**1 610**	**313**
北 京	BEIJING	264	15	32	67	115	35
天 津	TIANJIN	56	1	5	26	21	3
河 北	HEBEI	107	0	2	34	66	5
山 西	SHANXI	47	0	2	12	31	2
内蒙古	INNERMONGOLIA	38	0	0	12	21	5
辽 宁	LIAONING	161	2	8	51	69	31
吉 林	JILIN	82	2	2	22	45	11
黑龙江	HEILONGJIANG	96	0	0	26	43	27
上 海	SHANGHAI	126	7	15	47	45	12
江 苏	JIANGSU	204	1	16	97	87	3
浙 江	ZHEJIANG	173	0	8	76	80	9
安 徽	ANHUI	89	0	1	26	54	8
福 建	FUJIAN	133	4	1	55	68	5
江 西	JIANGXI	75	0	1	21	40	13
山 东	SHANDONG	140	3	10	62	55	10
河 南	HENAN	115	0	2	40	71	2
湖 北	HUBEI	135	1	5	49	65	15
湖 南	HUNAN	122	2	2	36	67	15
广 东	GUANGDONG	441	15	36	158	207	25
广 西	GUANGXI	78	4	4	31	35	4
海 南	HAINAN	52	2	8	22	15	5
重 庆	CHONGQING	28	0	2	12	11	3
四 川	SICHUAN	117	1	1	34	70	11
贵 州	GUIZHOU	37	0	1	2	25	9
云 南	YUNNAN	126	0	5	12	90	19
西 藏	TIBET	12	0	0	5	2	5
陕 西	SHAANXI	65	4	5	25	25	6
甘 肃	GANSU	41	0	1	13	25	2
青 海	QINGHAI	8	0	0	2	3	3
宁 夏	NINGXIA	7	0	0	1	6	0
新 疆	XINJIANG	73	0	1	9	53	10

七、国内旅游基本情况

7. STATISTICS OF DOMESTIC TOURISM

7－1 1998年全国国内旅游基本情况

MAJOR STATISTICS OF DOMESTIC TOURISM 1998

	总人次数（亿人次） DOMESTIC TRAVELERS (100Mn.)	＊出游率（％） RATE (％)	总花费（亿元） DOMESTIC TOURISM EXPENDITURE (100Mn. RMB￥)	人均花费（元） EVERAGE EXPENDITURE PER CAPITA (RMB￥)
全国合计 TOTAL	**6.94**	**56.4**	**2 391.18**	**344.5**
城镇居民 URBAN RESIDENTS	2.50	89.2	1 515.13	607.0
农村农民 RURAL RESIDENTS	4.44	47.0	876.05	197.1
城镇居民 URBAN RESIDENTS	2.50	89.2	1 515.13	607.0
一季度 JAN.－MAR.	0.72	25.8	403.67	559.0
二季度 APR.－JUNE	0.60	21.3	410.92	689.0
三季度 JULY－SEP.	0.63	22.3	441.02	706.0
四季度 OCT.－DEC.	0.55	19.8	259.52	469.3

注：＊出游率指城镇居民或农村农民出游的人次数占其人口数的比重。

NOTE: RATE IS THE RATIO THAT THE TOTAL AMOURT OF THE URBAN CITIZENS OR THE RURAL HABITANTS COMPARES TO THE URBAN POPULATION OR THE RURAL POPULATION.

八、旅游企事业基本情况

8. STATISTICS OF TOURISM ENTERPRISES

8-1 1997～1998年全国旅行社单位数

NUMBER OF TRAVEL AGENCIES 1997－1998

单位:家

UNIT : NUMBER

地区 LOCALITY		旅行社总数 TOTAL TRAVEL AGENCIES		国际旅行社 INTERNATIONAL TRAVEL AGENCIES		国内旅行社 DOMESTIC TRAVEL AGENCIES	
		1998年 1998	1997年 1997	1998年 1998	1997年 1997	1998年 1998	1997年 1997
总　计	**TOTAL**	**6 222**	**4 986**	**1 312**	**991**	**4 910**	**3 995**
北　京	BEIJING	380	329	138	109	242	220
天　津	TIANJIN	154	120	18	17	136	103
河　北	HEBEI	216	108	29	19	187	89
山　西	SHANXI	99	75	22	15	77	60
内蒙古	INNER MONGOLIA	43	47	21	18	22	29
辽　宁	LIAONING	227	216	52	35	175	181
吉　林	JILIN	77	73	41	24	36	49
黑龙江	HEILONGJIANG	196	155	49	36	147	119
上　海	SHANGHAI	371	264	39	39	332	225
江　苏	JIANGSU	420	226	106	56	314	170
浙　江	ZHEJIANG	393	325	46	39	347	286
安　徽	ANHUI	186	150	39	41	147	109
福　建	FUJIAN	258	124	40	35	218	89
江　西	JIANGXI	161	161	19	10	142	151
山　东	SHANDONG	211	238	44	32	167	206
河　南	HENAN	208	110	26	17	182	93
湖　北	HUBEI	238	192	26	18	212	174
湖　南	HUNAN	194	143	27	22	167	121
广　东	GUANGDONG	474	443	205	176	269	267
广　西	GUANGXI	268	226	56	33	212	193
海　南	HAINAN	201	170	38	25	163	145
重　庆	CHONGQING	187	137	20	8	167	129
四　川	SICHUAN	273	160	35	17	238	143
贵　州	GUIZHOU	83	57	12	14	71	43
云　南	YUNNAN	338	413	39	40	299	373
西　藏	TIBET	40	87	21	8	19	79
陕　西	SHAANXI	131	78	22	27	109	51
甘　肃	GANSU	76	26	29	20	47	6
青　海	QINGHAI	21	10	9	8	12	2
宁　夏	NINGXIA	15	35	8	7	7	28
新　疆	XINJIANG	83	88	36	26	47	62

8-2 1994~1998年全国主要

* EMPLOYEES OF INTERNATIONAL

城市 NAME OF CITY		1994年 1994	1995年 1995	1996年 1996	1997年 1997	1998年 1998
全国	**TOTAL**	**973 977**	**115 798**	**1 196 749**	**1 359 423**	**1 830 000**
#	**OF WHICH**					
北京	BEIJING	148 731	162 647	156 549	168 782	185 080
天津	TIANJIN	16 207	16 579	22 189	23 208	26 374
石家庄	SHIJIAZHUANG	4 540	6 203	5 756	6 686	7 908
秦皇岛	QINHUANGDAO	4 230	6 548	3 797	4 248	5 654
承德	CHENGDE	2 147	2 366	2 041	2 939	2 737
太原	TAIYUAN	3 801	3 524	5 472	7 178	7 321
大同	DATONG	1 784	1 718	1 784	2 503	2 623
呼和浩特	HOHHOT	2 250	3 364	3 796	2 677	3 706
沈阳	SHENYANG	7 020	8 199	15 868	20 330	24 210
大连	DALIAN	10 871	12 835	17 623	21 059	21 639
长春	CHANGCHUN	6 386	7 434	9 892	12 316	14 341
吉林	JILIN	3 784	5 000	3 196	3 198	3 535
延边	YANBIAN	2 872	3 085	3 939	6 000	4 084
哈尔滨	HARBIN	7 736	9 934	9 995	12 764	7 514
上海	SHANGHAI	62 635	67 686	70 403	71 856	76 238
南京	NANJING	16 657	18 918	22 265	28 326	27 908
无锡	WUXI	7 613	11 794	13 001	14 564	16 115
苏州	SUZHOU	9 666	12 143	13 233	14 607	14 974
南通	NANTONG	1 738	2 059	4 095	4 279	4 416
连云港	LIANYUNGANG	1 431	1 794	2 530	2 397	2 373
杭州	HANGZHOU	16 520	18 850	21 887	26 552	32 035
宁波	NINGBO	7 394	8 996	11 166	12 344	15 380
温州	WENZHOU	2 487	3 933	5 985	6 459	9 941
合肥	HEFEI	4 066	4 264	6 671	6 587	7 845
黄山	HUANGSHAN	5 404	5 006	6 654	8 617	7 263
福州	FUZHOU	10 572	11 322	12 105	13 849	10 619
厦门	XIAMEN	9 574	10 206	12 672	13 210	13 852
泉州	QUANZHOU	1 940	2 918	3 886	5 748	4 129
漳州	ZHANGZHOU	2 241	2 345	3 069	2 758	1 907

注：* 国际旅游业从业人数：指接待海外旅游者的旅游涉外饭店、旅行社、旅游车船公司、旅游商贸服务公司、旅游行政管理部门等旅游企事业单位的直接就业人数。

城市* 国际旅游业从业人数

TOURISM INDUSTRY 1994 – 1998

单位:人

UNIT : PERSON

城　　市 NAME OF CITY		1994 年 1994	1995 年 1995	1996 年 1996	1997 年 1997	1998 年 1998
南　昌	NANCHANG	5 276	5 158	6 684	6 731	8 289
九　江	JIUJIANG	2 075	1 228	1 344	2 064	949
济　南	JINAN	6 152	12 475	9 092	12 925	15 981
青　岛	QINGDAO	14 653	16 367	13 557	37 518	38 089
烟　台	YANTAI	4 464	4 416	5 129	10 521	10 758
威　海	WEIHAI	3 565	5 385	6 002	6 486	7 691
郑　州	ZHENGZHOU	4 606	7 460	4 294	9 024	4 042
洛　阳	LUOYANG	3 794	6 600	3 139	4 648	5 522
武　汉	WUHAN	15 653	18 879	20 688	28 069	26 627
长　沙	CHANGSHA	7 218	12 000	10 582	6 068	12 488
广　州	GUANGZHOU	98 723	107 615	412 200	411 800	411 627
深　圳	SHENZHEN	54 298	56 375	54 501	50 677	49 052
珠　海	ZHUHAI	12 962	11 644	14 478	13 956	13 613
汕　头	SHANTOU	9 276	9 355	8 312	7 450	8 371
湛　江	ZHANJIANG	6 012	6 379	6 317	6 497	7 603
中　山	ZHONGSHAN	7 836	10 020	9 934	7 310	9 235
南　宁	NANNING	3 696	4 136	6 881	9 703	9 019
桂　林	GUILIN	11 430	13 160	13 862	14 972	14 321
北　海	BEIHAI	3 120	3 423	4 169	4 795	4 712
海　口	HAIKOU	13 571	16 558	17 595	18 655	9 019
三　亚	SANYA	6 897	7 064	6 383	6 041	8 079
重　庆	CHONGQING	16 318	16 164	17 498	20 715	23 482
成　都	CHENGDU	10 124	9 896	8 971	13 459	24 377
贵　阳	GUIYANG	5 577	8 945	9 146	9 243	8 903
昆　明	KUNMING	11 819	13 597	12 576	10 185	11 475
拉　萨	LHASA	2 000	2 374	3 050	3 328	2 778
西　安	XI'AN	16 407	12 750	14 226	15 077	10 868
兰　州	LANZHOU	6 789	8 141	7 013	8 479	9 619
西　宁	XINING	1 861	2 244	2 808	2 584	2 583
银　川	YINCHUAN	2 187	2 336	2 516	2 614	3 819
乌鲁木齐	URUMQI	5 974	9 566	8 955	7 056	9 573

NOTE: * INCLUDING THE DIRECT EMPLOYMENT IN HOTELS, TRAVEL AGENCIES, TOURISM ENTERPRISES, BOAT & VEHICLE COMPANIES AND TOURISM ADMINISTRATIONS OTHER THAN THOSE INDIRECT EMPLOYMENT IN CAAC, RAILWAY COMMUNICATION, TOURISM SHOPS AND OTHER SECTORS CONCERNED.

8-3 1998年全国国际旅游业

BREAKDOWN EMPLOYEES OF

地区	LOCALITY	合计 TOTAL	旅游涉外饭店 HOTELS	旅行社 TRAVEL AGENCIES
总计	**TOTAL**	**1 830 000**	**1 098 923**	**100 448**
北京	BEIJING	185 080	114 320	6 974
天津	TIANJIN	26 374	18 493	1 328
河北	HEBEI	32 511	22 296	997
山西	SHANXI	23 340	11 980	1 440
内蒙古	INNERMONGOLIA	9 861	8 944	668
辽宁	LIAONING	62 969	48 301	1 958
吉林	JILIN	25 784	21 135	769
黑龙江	HEILONGJIANG	20 144	16 968	2 534
上海	SHANGHAI	76 238	51 179	8 501
江苏	JIANGSU	88 106	72 202	6 024
浙江	ZHEJIANG	90 743	75 623	6 436
安徽	ANHUI	40 867	27 374	2 597
福建	FUJIAN	33 396	28 584	4 371
江西	JIANGXI	13 233	12 440	627
山东	SHANDONG	93 528	60 890	3 545
河南	HENAN	16 185	12 842	3 087
湖北	HUBEI	56 520	43 808	4 276
湖南	HUNAN	31 625	28 407	1 854
广东	GUANGDONG	605 901	240 343	19 529
广西	GUANGXI	52 375	37 548	4 215
海南	HAINAN	23 260	18 534	1 630
重庆	CHONGQING	24 377	11 409	4 156
四川	SICHUAN	97 309	39 797	2 312
贵州	GUIZHOU	16 487	9 647	823
云南	YUNNAN	22 382	16 644	3 899
西藏	TIBET	3 950	3 306	433
陕西	SHAANXI	14 864	11 400	2 170
甘肃	GANSU	15 231	9 972	1 719
青海	QINGHAI	3 092	2 763	219
宁夏	NINGXIA	5 265	4 570	123
新疆	XINJIANG	19 003	17 204	1 234

从业人数(按单位分)

INTERNATIONAL TOURISM INDUSTRY 1998

单位:人
UNIT : PERSON

旅游车船公司 COACH & CRUISE COMPANIES	旅游商贸服务公司 TOURISM TRADING & SERVICE COM.	旅游管理机构 TOURISM ADMINI-STRATIVE INSTITUTIONS	其　它 OTHER
84 253	**9 411**	**19 732**	**517 233**
17 636	281	394	45 475
326	0	145	6 082
39	0	2 520	6 659
213	651	618	8 438
63	0	186	0
329	2 889	1 233	8 259
237	320	535	2 788
160	24	361	97
10 020	44	86	6 408
1 856	194	1 674	6 156
2 188	30	1 047	5 419
1 270	81	720	8 825
27	26	388	0
0	0	166	0
1 975	8	987	26 123
218	0	38	0
676	217	915	6 628
108	44	717	495
41 353	1 872	1 534	301 270
3 292	100	786	6 434
0	0	752	2 344
126	0	273	8 413
139	330	1 312	53 419
263	1 266	314	4 174
307	0	782	750
113	48	50	0
567	0	256	471
462	888	470	1 720
23	10	77	0
60	19	107	386
207	69	289	0

8-4 1998年全国旅游

MAJOR STATISTICS OF TOURISM

地区 LOCALITY	旅游院校数(所) NUMBER OF TOURISM SCHOOLS AND COLLEGES		
	总计 TOTAL	*高等院校 INSTITUTES OF HIGHER EDUCATION	**中等职业学校 SECONDARY VOCATIONAL SCHOOLS
总计 TOTAL	**909**	**187**	**722**
北京 BEIJING	65	9	56
天津 TIANJIN	16	4	12
河北 HEIBEI	12	5	7
山西 SHANXI	4	1	3
内蒙古 INNER MONGOLIA	10	3	7
辽宁 LIAONING	37	11	26
吉林 JILIN	4	3	1
黑龙江 HEILONGJIANG	38	6	32
上海 SHANGHAI	32	10	22
江苏 JIANGSU	130	17	113
浙江 ZHEJIANG	31	6	25
安徽 ANHUI	57	7	50
福建 FUJIAN	48	7	41
江西 JIANGXI	12	4	8
山东 SHANDONG	86	7	79
河南 HENAN	47	12	35
湖北 HUBEI	35	12	23
湖南 HUNAN	17	8	9
广东 GUANGDONG	21	6	15
广西 GUANGXI	49	4	45
海南 HAINAN	18	3	15
重庆 CHONGQING	23	6	17
四川 SICHUAN	42	14	28
贵州 GUIZHOU	9	3	6
云南 YUNNAN	11	6	5
西藏 TIBET	1	1	0
陕西 SHAANXI	14	7	7
甘肃 GANSU	14	2	12
青海 QINGHAI	5	1	4
宁夏 NINGXIA	2	1	1
新疆 XINJIANG	19	1	18

注:* 高等院校指旅游高等院校及开设旅游系(专业)的普通高等院校和成人高等院校。

** 中等职业学校指旅游中等专业学校、旅游职业高中及开设旅游专业的其它中等专业学校、职业高中和技校。

旅游院校学生数(人)

NUMBER OF STUDENTS AT TOURISM SCHOOLS AND COLLEGES

总计 TOTAL	*高等院校 INSTITUTES OF HIGHER EDUCATION	**中等职业学校 SECONDARY VOCATIONAL SCHOOLS
233 797	**32 737**	**201 060**
23 434	2 764	20 670
5 780	443	5 337
6 423	830	5 593
2 205	430	1 775
530	45	485
13 164	1 701	11 463
1 557	836	721
9 359	1 588	7 771
32 715	2 483	30 232
27 542	3 041	24 501
4 991	549	4 442
9 326	790	8 536
11 787	1 299	10 488
1 297	415	882
13 552	678	12 874
8 075	725	7 350
8 964	2 100	6 864
3 015	1 467	1 548
8 326	1 155	7 171
5 927	1 192	4 735
2 522	792	1 730
7 204	1 474	5 730
7 690	2 249	5 441
2 120	468	1 652
4 050	1 351	2 699
30	30	0
5 733	1 422	4 311
4 103	208	3 895
581	60	521
279	80	199
1 516	72	1 444

NOTES: * TOURISM INSTITUTES: TOURISM COLLEGES AND ORDINARY INSTITUTES OF HIGHER EDUCATION WITH TOURISM DEPARTMENTS.

** SECONDARY VOCATIONAL SCHOOLS: SECONDARY TOURISM PROFESSIONAL SCHOOLS, VOCATIONAL TOURISM HIGH SCHOOLS, TOURISMCLASSES AT OTHER SECONDARY PROFESSIONAL SCHOOL, VOCATIONAL HIGH SCHOOL AND TECHNIC SCHOOL.

附　　录

主要旅游统计指标解释

1.来华旅游入境人数:指报告期内来我国观光、度假、探亲访友、就医疗养、购物,参加会议或从事经济、文化、体育、宗教活动的外国人、华侨、港澳台同胞等海外游客。统计时海外游客每入境一次统计1人次。

(1)**游客**是指任何一个因为休闲、娱乐、观光、度假、探亲访友、就医疗养、购物、参加会议或从事经济、文化、体育、宗教活动,离开常住国(或常住地)到其他国家(或地方),连续停留时间不超过12个月,并且在其他国家(或其他地方)的主要目的不是通过所从事的活动获取报酬的人。游客不包括因工作或学习在两地有规律往返的人。游客按出游地分国际游客(即海外游客)和国内游客。按出游时间分旅游者(过夜游客)和一日游游客(不过夜游客)。

常住国:指一个人在近一年的大部分时间内所居住的国家(或地区);或虽然在这个国家(或地区)只居住了较短的时间,但在12个月内仍将返回的这个国家(或地区)。

常住地:指一个常住国的居民,在近一年的大部分时间内所居住的城镇(乡村);或虽然在这个城镇(乡村)只居住了较短的时期,但在12个月内仍将返回的这个城镇(乡村)。

判定一个游客是国际游客还是国内游客,不是根据这个游客的国籍而是根据他的常住国或常住地而定。

(2)来华旅游入境人数不包括下列人员:

①应邀来华访问的政府部长以上官员及其随行人员;

②外国驻华使领馆官员、外交人员以及随行的家庭服务人员和受赡养者;

③常住我国一年以上的外国专家、留学生、记者、商务机构人员等;

④乘坐国际航班过境不需要通过护照检查进入我国口岸的中转旅客;

⑤边境地区往来的边民;

⑥回大陆定居的华侨、港澳台同胞;

⑦已在我国定居的外国人和原已出境又返回在我国定居的外国侨民;

⑧已归国的我国出国人员。

2.海外旅游者:指来华旅游入境的海外游客中,在我国旅游住宿设施内至少停留一夜的外国人、华侨、港澳台同胞。

3.海外一日游游客:指来华旅游入境的海外游客中,未在我国旅游住宿设施内过夜的外国人、华侨、港澳台同胞。海外一日游游客包括乘坐游船、游艇、火车、汽车来华旅游，在车（船）上过夜的游客和机、车、船上的乘务人员，但不包括在境外（内）居住而在境内（外）工作，当天往返的港澳同胞和周边国家的边民。

4.国籍：是指给游客颁发护照（或其他身份文件）的政府所代表的国家。

5.外国人：指属外国国籍的人，加入外国国籍的中国血统华人也计入外国人。

6.华侨：指持有中国护照、但侨居外国的中国同胞。

7.港澳台同胞：指居住在我国香港、澳门地区和台湾省的中国同胞。

8.职业：指海外旅游者和海外一日游游客来华旅游入境前从事的职业。

9.团体海外游客（简称"团队"）：指参加旅游团（通常采用综合包价、小包价、国际会议、海洋游船、应邀来访及临时组织的旅游团等形式）来中国大陆旅游的海外旅游者及海外一日游游客。

10.零散海外游客（简称"散客"）：指未参加旅游团或仅由旅行社办理委托手续（包括接送、预订饭店、订机、车、船票、导游等服务项目）、并按零星价格承办而不参加旅行团的来中国大陆旅游的海外旅游者及海外一日游游客。

11.旅行社外联人数：指报告期内旅行社自组外联的海外游客人数，反映旅行社对外招徕的能力。旅行社按以下要求统计外联人数：①国际游客入境后不论其停留时间多少，旅游线路长短，只统计一次；②旅行社只统计本社自主外联团的实到人数，非本社外联、仅由本社接受委托办理签证的人数不包括在内。

12.旅行社承办入境第一站散客人数：指报告期内零散来华的海外游客在入境后的第一站委托旅行社办理有关手续的游客人数。

13.旅行社接待海外游客人数：指报告期内旅行社实际接待的团队及零散海外旅游者和海外一日游游客人数，以反映旅行社的接待工作量。旅行社接待团队海外游客的人数，既包括本社外联并接待的团队游客，也包括接受其它旅行社委托接待的团队游客；旅行社接待的散客人数，既包括本社承办的第一站散客，也包括本社接待的非第一站散客。

14.旅行社外联（接待）海外旅游者人天数：指报告期内旅行社外联（接待）的每个海外旅游者在中国大陆（或本省市）实际停留的天数之和。仅委托办理有关手续的零散海外游客不计算人天。

15.人均停留天数：指旅游者平均停留天数。计算公式为：

$$\text{人均停留天数} = \frac{\sum \text{旅游者人数} \times \text{停留天数}}{\sum \text{旅游者人数}}$$

16.边境口岸接待海外一日游游客人数：指报告期内我国边境城市的旅行社接待不过夜的团队及零散海外游客人数。

17.国内旅游者：指我国大陆居民离开常住地在境内其他地方的旅游住宿设施内至少停留一夜、最长不超过6个月的国内游客。国内游客应包括在我国境内常住一年以上的外国人、华侨、港澳台同胞，但不包括到各地巡视工作的部以上领导、驻外地办事机构的临时工作人员、调遣的武装人员、到外地学习的学生、到基层锻炼的干部、到境内其他地区定居的人员和无固定居住地的无业游民。

18.国内一日游游客：指我国大陆居民离开常住地10公里以上，出游时间超过6小时、不足24小时，并未在境内其他地方的旅游住宿设施内过夜的国内游客。

19.出境旅游者：指我国大陆居民办理出境手续、并在境外其他国家或地区的旅游住宿设施内至少停留一夜的游客。

20.出境一日游游客：指我国大陆居民办理出境手续、在境外停留时间不超过24小时，并未在境外其他国家或地区的旅游住宿设施内过夜的游客。

21.国内公民出境旅游人数：指报告期内有权组织国内公民出境旅游业务的旅行社，组织国内公民出境旅游的旅游者和一日游游客人数。

22.国内旅游组团人数（人天数）：指报告期内旅行社招徕组织的团队国内游客人数（人天数）。组团人数包括国内旅游者人数和国内一日游游客人数。

23.国内旅游接待人数（人天数）：指报告期内旅行社接待的国内团队游客人数（人天数）。接待人数（人天数）包括本社组团、本社接待和外社组团、本社接待的国内游客人数（人天数）。

24.国际旅游（外汇）收入：来华旅游的海外游客（包括来华旅游的外国人、华侨、港澳台同胞）在中国大陆（省、区、市）旅游过程中（由游客或游客的代表为游客）支付的一切旅游支出。旅游支出应包括海外旅游者和一日游游客在中国大陆游程中行、游、住、吃、购、娱以及为亲友、家人购买纪念品、礼品等方面的旅游支出，但不包括为商业目的购物或购买房、地、车、船等资本性或交易性的投资、馈赠亲友的现金及给公共机构的捐赠。

25.旅游住宿设施：指各种定期（或临时）为旅游者提供住宿条件的设施。旅游住宿设施包括：旅游饭店、宾馆、公寓、旅店、招待所、江河及海洋游船、疗养院、度假村、假日营地、私人寓所、家庭住宅的出租客房及亲友提供的免费住宿设施等。

26.旅游涉外饭店：指经我国公安、工商、旅游等有关部门批准的可以接待海外旅游者的住宿设施。既包括已评定星级的旅游涉外饭店，也包括尚未评定星级标准的其它旅游住宿设施。

27.星级饭店：指根据《中华人民共和国旅游涉外饭店星级标准》评定出星级（共分一星至五星五个等级）的旅游涉外饭店。

28.旅游涉外饭店接待人数（人天数）：指报告期内旅游者在旅游涉外饭店住宿的人数（人天数）。人数：每接待一位旅游者只统计一次，不论其住宿夜数多少；人天数：一个旅游者住宿几夜，相应计算几个人天数。

29.城市接待旅游者人数（人天数）：指报告期内本城市旅游住宿设施实际接待的海外旅游者人数（人天数）和国内旅游者人数（人天数）。

30. 客房出租率：指报告期内客房实际出租间天数除以报告期内客房可出租间天数的百分数。反映旅游住宿设施的使用情况。不论是国际旅游者还是国内旅游者，只要使用了旅游住宿设施，都应计算。计算公式：

$$\text{客房出租率} = \frac{\text{报告期内每天租出的客房数之和}}{\text{报告期内实有客房数} \times \text{报告期日历天数}} \times 100\%$$

31. 固定资产原价：指企业在建造、购置、安装、改建、扩建、技术改造某项固定资产时所支出的全部货币总额。

32. 固定资产净值：指企业固定资产原价扣除累计折旧后的余额。

33. 营业收入：指企业在经营活动中由于提供劳务或销售商品等取得的收入。饭店（宾馆）、写字楼、公寓、旅店的营业收入（总额），包括客房收入、餐饮收入、商品部收入、车队收入、其他收入等；旅行社的营业收入（总额），包括综合服务收入、组团外联收入、零星服务收入、劳务收入、票务收入、旅游及加项收入、其他收入等；酒楼、餐馆等饮食企业的营业收入包括餐费收入、冷热饮收入、服务收入、其他收入等；理发、浴池、照相、洗染、修理等服务企业的收入包括各种服务收入等。从事咨询服务的咨询公司的服务收入，也计入本科目。

旅行社（不论是组团社还是接团社）组织境外旅游者到国内旅游，应以旅行团队离境（或离开本地）时确认营业收入实现；旅行社组织国内旅游者到境外旅游，应以旅行团旅行结束返回时确认营业收入实现；旅行社组织国内旅游，也应以旅行团旅行结束返回时确认营业收入实现。

旅行社、旅游涉外饭店营业收入不包括本单位直属其他独立核算企业的营业收入。

旅行社营业收入净额：指旅行社营业收入总额扣除旅行社外联及接团业务中收取的代收代付费用后的余额。

34. 营业税金及附加（即业务税金及附加）：指企业与营业收入有关的应由各项经营业务负担的税金及附加，包括营业税、城市维护建设税及教育费附加等。饭店（宾馆）、写字楼、公寓、旅店、酒楼、餐馆、理发、浴池、照相、洗染、修理等企业应按营业收入的一定比例计算交纳营业税；旅行社应按营业收入净额（营业收入总额扣除代收代付的房费、餐费、交通费等费用）计算交纳营业税。

35. 利润总额：指企业在一定时期内实现的盈亏总额，反映企业最终的财务成果。计算公式为：

$$\text{利润总额} = \text{营业利润} + \text{补贴收入} + \text{投资收益} + \text{营业外收入} - \text{营业外支出}$$

该指标如小于零，表示亏损。

36. 全员劳动生产率：指旅游企业平均每一职工（包括其他人员），在单位时间内（日、月、季、年）平均实现的营业收入。计算公式：

$$\text{全员劳动生产率} = \frac{\text{报告期内旅游企业总营业收入}}{\text{报告期内旅游企业平均职工人数}}$$

37.人均实现利税:指旅游企业平均每一职工实现的利润和上缴国家的营业税金及附加。计算公式:

$$\text{人均实现利税} = \frac{\text{报告期内旅游企业利润} + \text{营业税及附加}}{\text{报告期内旅游企业平均职工人数}}$$

38.利润率:指报告期内旅游企业实现的利润总额占营业收入总额的比重。计算公式:

$$\text{利润率} = \frac{\text{报告期内旅游企业利润总额}}{\text{报告期内旅游企业营业收入总额}} \times 100\%$$

39.平均职工人数:指报告期内由企业支付工资的各类职工(包括正式职工、合同制职工、临时工、计划外用工等)的平均人数。其计算公式为:

$$\text{月平均职工人数} = \frac{\text{月初职工人数} + \text{月末职工人数}}{2}$$

$$\text{年平均职工人数} = \frac{\sum_{1}^{12}\text{月平均职工人数}}{12}$$

40.企业经济类型:以企业在国家工商行政管理部门注册登记时的企业经济类型为依据。企业经济类型分为国有经济、集体经济、私营经济、个体经济、联营经济、股份制经济、外商投资经济、港澳台投资经济和其他经济。

国有经济:是指生产资料归国家所有的一种经济类型。

集体经济:是指生产资料归公民集体所有的一种经济类型。集体所有制企业可再划分为城镇集体所有制企业和乡村集体所有制企业。

私营经济:是指生产资料归公民私人私有、以雇佣劳动为基础的一种经济类型。包括所有按照《中华人民共和国私营企业暂行条例》规定登记注册的私营独资企业、私营合伙企业和私营有限责任公司。

联营经济:是指不同所有制的企业之间或者企业、事业单位之间共同投资组成新的经济实体的一种经济类型。

股份制经济:是指全部注册资本由全体股东共同出资,并以股份形式投资举办企业而形成的一种经济类型。股份制经济主要有股份有限公司和有限责任公司两种组织形式。

外商投资经济:是指外国投资者根据中华人民共和国有关涉外经济的法律、法规,以合资、合作或独资的形式在中国大陆境内开办企业而形成的一种经济类型。外商投资包括中外合资经济企业、中外合作经营企业和外资企业三种形式。

港澳台投资经济:是指港、澳、台地区投资者参照中华人民共和国有关涉外经济的法律、法规,以合资、合作或独资的形式在大陆举办企业而形成的一种经济类型。港澳台投资经济可以分为合资经营企业、合作经营企业和独资企业三种形式。

其他经济:是指除以上八种经济类型以外的其他经济类型。

41.国际旅行社:经营对外招徕并接待外国人、华侨、港澳台同胞来中国、归国或回内地旅游业务的旅行社。

42.国内旅行社:经营中国公民国内旅游业务的旅行社。

43.旅游车船公司:指旅游部门归口管理的从事运送外国人、华侨、港澳台同胞的旅游车船公司。

44.旅游商贸服务公司:指旅游部门所属的为旅游饭店等企业提供物资服务和为外国人、华侨、港澳台同胞提供旅游商品销售服务的公司。

45.旅游管理机构:指各级政府中设定的管理旅游业的机构,一般指各级旅游局。

46.旅游院校:指旅游学院、旅游专科学校、旅游中专、旅游职业高中等。

APPENDIX

TECHNICAL NOTES

1. International Visitor Arrivals to China

Referred to foreigners, overseas Chinese and compatriots from Hong Kong, Macau and Taiwan who come to mainland China during the reported period for sight – seeing, holiday – making, visiting friends and relatives, undertaking medical treatment, shopping, attending meetings, or taking part in other economic, cultural, sports or religious activities. Each entry into the country is recorded as one arrival.

(1) **A Visitor** refers to any person who travels to a country (or a region) other than that in which s/he has his/her usual residence but outside his/her usual environment for a period not exceeding 12 months for sight – seeing, holiday – making, visiting friends and relatives, undertaking medical treatment, shopping, attending meetings, or taking part in other economic, cultural, sports or religious activities, but the main purpose of his/her visit is other than the exercise of an activity remunerated from the within the country (or the region) visited. People commuting between two places for career or education reasons are not recorded as visitors. Visitors can be classified as international visitors and domestic visitors according to the origin of visitors, and as tourists(overnight visitors) and same – day visitors according to the length of stay of visitors.

Country of Residence: referred to the country (or region) in which a person resides over the past year; or although s/he resides in this country (or region) for a short period but will return to this country (or region) within less than 12 months.

Place of Residence: referred to the city (or village) in which a person, residing in a country, lives over the past year; or although s/he lives in this city (or village) for a short period but will return to this city (or village) within less than 12 months.

The condition to judge whether a person is an international visitor or a domestic visitor is not his citizenship but his country of residence or place of residence.

(2) The following persons are not recorded as international visitors:

①Invited government officials more senior than ministers and their accompanies;

②Officials and diplomats of foreign diplomatic missions to China and their accompanies and dependents;

③Foreign experts, students, journalists, trade representatives who stay in China for more than one year;

④Transit passenger on incoming international flights without going through Frontier Check;

⑤Border residents;

⑥Overseas Chinese, compatriots from Hong Kong, Macau and Taiwan who come to the mainland with permanent residence;

⑦Foreigners who have permanent residence in China and foreigners who leave China and come back to China as permanent residents;

⑧Chinese who come back from their mission abroad.

2. International Tourists

Referred to, out of the international visitors to China, the foreigners, overseas Chinese, compatriots from Hong Kong, Macau and Taiwan who stay at least one night in the accommodation establishments in China.

3. International Same – Day Visitors

Referred to, out of the International visitors to China, the foreigners, overseas Chinese, compatriots from Hong Kong, Macau and Taiwan who do not stay overnight in the accommodation establishments in China. International visitors who arrive in China aboard cruise, ship, train, and automobile and who spend the night aboard automobile (cruise etc.) and the crews who work on the cruise, ship, train and automobile should be included in the statistics, while commuting border workers who live in Hong Kong and Macau and neighbouring countries are not included in the statistics.

4. Citizenship

Referred to the country represented by the government who issues passports (or other identification documents) to visitors.

5. Foreigners

Referred to the persons with foreign citizenship. Chinese descents who have already acquired foreign citizenship are also recorded as foreigners.

6. Overseas Chinese

Referred to Chinese nationals who hold Chinese passports but reside abroad.

7. Compatriots from Hong Kong, Macau and Taiwan

Referred to the Chinese compatriots who live in Hong Kong, Macau and Taiwan Province of China.

8. Occupation

Referred to the occupation a visitor holds before s/he visits China

9. Group International Visitors ("Group" for short)

Referred to international tourists and same – day visitors who join groups to visit the mainland China (usually in inclusive packages, small packages, international conferences, international cruise, invited groups, and temporary tour groups).

10. Free and Independent International Visitors ("FIT" for short)

Referred to international tourists and same-day visitors who do not join groups, or just entrust travel agencies to handle some procedures (including receiving and seeing-off, hotel booking, ticket reservation, tour guide etc.) to visit the mainland China at FIT prices.

11. Number of International Visitors Liaised by Travel Agencies

Referred to the number of overseas visitors liaised by travel agencies during the reported period, which reflects the marketing capability of travel agencies. This figure is recorded according to the following requirements: a) however long an international visitor may stay in China after s/he enters the frontier, s/he is only recorded once; b) a travel agency should only record the international visitors liaised by itself, while those entrusted to the travel agency to help visa procedures are not recorded.

12. Number of FITs Received by Travel Agencies at the First Stop

Referred to the number of international FITs during the reported period who entrust travel agencies to help with relevant procedures at the first stop after they enter the frontier.

13. Number of International Visitors Received by Travel Agencies

Referred to the number of "group", "FIT" and same-day visitors received by travel agencies during the reported period, which reflects the volume of reception business. This figure includes both group international visitors liaised by the reporting travel agency and entrusted by other agencies, and "FIT" international visitors received at the first stop and not the first stop.

14. Night of International Tourists Liaised (Received) by Travel Agencies

Referred to the total number of night of stay of international visitors received by travel agencies during the reported period by putting together the actual length of stay of every international visitor in mainland China (or a given province or city). International "FIT" visitors who only entrust travel agencies to help relevant procedures are not counted in nights.

15. Average Length of Stay

Referred to the average length of stay of tourists. The formula goes:

$$\textit{Average length of stay} = \frac{\sum \textit{number of tourists} \times \textit{length of stay}}{\sum \textit{number of tourists}}$$

16. Number of International Same – Day Visitors Received at Border Port Cities

Referred to the number of international same – day group and "FIT" visitor received by travel agencies at the border port cities during the reported period.

17. Domestic Tourists

Referred to any person residing in mainland China, who travels to a place within the country, outside his/her usual environment for a period not exceeding 6 months but stays at least one night in an accommodation establishment. This should include foreigners, overseas Chinese, compatriots from Hong Kong, Macau, and Taiwan who rcside in mainland China for more than one year, but should not include government officials more senior than ministers who travel to other places for inspection, temporary staff in offices stationed in cities other than their own, armed forces in movement, students studying in places other than their homeplace, officials transferred to grassroots places for intern, citizens who change their permanent residence to other places, and vagrants with no residence.

18. Domestic Same – Day Visitors

Referred to any person residing in mainland China, who travels to a place more than 10 kilometres away from his/her usual environment for less than 24 hours but more than 6 hours and does not stay overnight in any accommodation establishment.

19. Outbound Tourists

Referred to any resident of mainland China, who goes through exit formalities and stays at least one night in any accommodation establishment of other countries or regions.

20. Outbound Same – Day Visitors

Referred to any resident of mainland China, who goes through exit formalities, stays outside the border for less than 24 hours and does not stay overnight in any accommodation establishment of other countries or regions.

21. Number of Outbound Group

Referred to the number of outbound tourists and outbound same – day visitors organized by authorized travel agencies during the reported period.

22. Number of Domestic Group Tourists (Nights)

Referred to the number of domestic group tourists (nights) liaised and organized by travel agencies during the reported period. This should include both domestic tourists and domestic same – day visitors.

23. Number of Received Domestic Tourists (Nights)

Referred to the number of domestic group tourists (nights) received by travel agencies during the reported period. This should include both domestic tourists organized and received by a given travel agency and domestic tourists organized by other travel agencies and received by this given agency.

24. International Tourism Receipts (Foreign Exchange)

Referred to all tourism expenditure incurred during the visit in mainland China by international visitors (including foreigners, overseas Chinese, and compatriots from Hong Kong, Macau and Taiwan). Tourism expenditure should include: all expenses made by overseas tourists and overseas same – day visitors on transport, tours, accommodation, foods and drinks, shopping, and recreation, expenses on souvenirs and gifts for friends and relatives; tourism expenditure should not include: purchase made for commercial purposes, capital investment or transactional investment e.g. housing, land, automobile, cruise ship, etc., cash bestowed on friends and relatives, donations to public institutions.

25. Tourism Accommodation Establishment

Referred to all kinds of establishments that can accommodate (regularly or temporarily) tourists. This includes: hotels, apartments, inns, cruises, holiday resorts, campsites, private dwellings, rented rooms in family homes, and accommodation provided without charge by relatives or friends.

26. Tourist Hotels

Referred to accommodation establishments which are approved by the public security, industrial and commercial, and tourism departments to cater for overseas tourists. This includes both star – rated hotels and non – star – rated other accommodation establishments.

27. Star – Rated Hotels

Referred to the tourist hotels which are star – rated according to the Standards for Tourist Hotels Star – Rating of the People's Republic of China (including 5 levels ranging from one – star to five – star).

28. Number of Tourists (Nights) Received by Tourist Hotels

Referred to the number of tourists (nights) who stay overnight in tourist hotels during the reported period. For number of tourists, a tourist is only recorded as one however long s/he may stay in the hotel; for night, the number is counted according to the number of nights a tourist stays in the hotel.

29. Number of Tourists (Nights) Received by a Given Cities

Referred to the actual number of international tourists and domestic tourists (nights) received by tourist hotels of a given city during the reported period.

30. Hotel Occupancy

Referred to the percentage of occupied hotel room nights in the total room nights available during the reported period, which reflects the proportion of rented accommodation establishments.. Both international tourists and domestic tourists who stay in the hotel should be calculated. The formula goes:

$$Occupancy = \frac{\sum daily\ occupied\ hotel\ rooms\ during\ the\ reported\ period}{hotel\ rooms\ available \times calendar\ days\ of\ the\ reported\ period} \times 100\%$$

31. Original Value of Fixed Assets

Referred to the total cash value of the fixed assets of an enterprise when they are set up, purchased, installed, restructured, expanded, or renovated.

32. Net Value of Fixed Assets

Referred to the value of the fixed assets after the accumulated depreciation is deducted from the original value.

33. Business Income

Referred to income acquired by enterprises through providing services or selling commodities. Business income of hotels, office buildings, apartment houses, and inns includes income from rooms, foods and drinks, shops, cars, and other income; business income of travel agencies includes income from inclusive service, organizing and liaising groups, odd service, labour, ticketing service, tour and additional items, and other income; business income of restaurants and other catering services includes income from foods, cold and hot drinks, service, and other income; business income of service shops like barber's, bathhouses, photo studios, laundry, and reparation, includes income from providing all sorts of services. Income of consultants by providing consulting service should also be listed under this entry.

Business income of travel agencies (both organizing agencies and receiving agencies) organizing overseas tourists to China should be calculated on the confirmed business income when the groups leave China (or the reported place); business income of travel agencies organizing domestic tourists to visit abroad should be calculated on the confirmed business income when the group come back and the tour ends; business income of travel agencies organizing domestic tourists to visit within the country should be calculated on the confirmed business income when the group come back and the tour ends.

Business income of travel agencies and tourist hotels should not include the business income of any financially independent subsidiaries.

Net business income of travel agencies: referred to the amount of income after deducting from the total business income the expenses which the travel agencies collect from the tourists and pay on behalf of the tourists during the organizing and receiving tour groups.

34. Business Tax and Additional Revenue

Referred to taxes and additional revenue related to enterprises' business income, including business tax, urban maintenance and construction tax, and additional expenses on education, etc.. Business tax should be calculated at a certain percentage of the business income of the enterprises like hotels, office buildings, apartment houses, inns, restaurants, barber's, bathhouses, photo studios, and reparation; business tax of travel agencies should be calculated on the basis of net business income of travel agencies (the amount of income after deducting from the total business income the expenses on room, meals, transport, etc. which the travel agencies collect from the tourists and pay on behalf of the tourists).

35. Total Profit

Referred to the total profit or deficit of an enterprise during the reported period. The formula goes:

$$\text{Total profit} = \begin{matrix}\text{business}\\ \text{profit}\end{matrix} + \begin{matrix}\text{subsidy}\\ \text{income}\end{matrix} + \begin{matrix}\text{investment}\\ \text{dividend}\end{matrix} + \begin{matrix}\text{ultrabusiness}\\ \text{income}\end{matrix} - \begin{matrix}\text{ultrabusiness}\\ \text{expenditure}\end{matrix}$$

A negative result denotes deficit.

36. Labour Productivity

Referred to the average per capita business income of tourism enterprises during a given period (day, month, quarter, year). The formula goes:

$$\text{Labour productivity} = \frac{\text{Total business income of tourism enterprise during the reported period}}{\text{Average number of staff of tourism enterprise during the reported period}} \times 100\%$$

37. Average Profit and Tax Per Capita

Referred to the average amount the profit and tax (business tax and additional Revenue) per capita of a tourism enterprise. The formula goes:

$$\text{Average profit and tax per capita} = \frac{\sum \text{Profit} + \text{tax (reported period)}}{\text{Average number of staff of tourism}}$$

38. Profit Margin

Referred to the percentage of total profit in the total business income of a tourism enterprise during the reported period. The formula goes:

$$\text{Profit margin} = \frac{\sum \text{Profit of tourism enterprise during reported period}}{\sum \text{Business income of tourism enterprise during reported period}} \times 100\%$$

39. Average Number of Staff

Referred to the average number of paid staff of an enterprise. The formula goes:

$$\text{Monthly Average number of staff} = \frac{\underset{(\text{beginning of month})}{\text{Number of staff}} + \underset{(\text{end of month})}{\text{Number of staff}}}{2}$$

$$\text{Yearly Average number of staff} = \frac{\sum_{1}^{12} \text{Monthly Average number of staff}}{12}$$

40. Economic Types of Enterprises

Referred to the economic type that an enterprise registers at the Industrial and Commercial Administrative Authorities, including state – owned, collective, private, individual, alliance, stock, foreign – invested, Hong Kong, Macau and Taiwan invested, and other types.

State – Owned: the economic type with state – owned assets.

Collective: the economic type with collective owned means of production, with subdivisions of urban collective company and rural collective company.

Private: the economic type with private ownership and on the basis of employment of others, including all the private companies, private jointly operated companies and private limited liability companies registered in accordance with The Interim Act on Private Companies in the People's Republic of China.

Alliance: the economic type of an economic entity which is set up at the investment from the enterprises with different ownership , or at the investment from enterprise and non – business institutions.

Stock: the economic type of an enterprise whose total capital is invested by all the share – holders who invest in the form of stocks, in two modes, i.e. stock companies, and limited liability companies.

Foreign Invested: the economic type of an enterprise which is set up by foreign investors who invest in mainland China in compliance with the laws and regulation of the People's Republic of China concerning foreign economic relations, in the forms of joint venture companies, joint operation companies or companies of exclusive foreign investment, including three modes, i.e. Sino – foreign joint ventures, Sino – foreign jointly operated enterprises, and enterprises with exclusive foreign capital.

Hong Kong, Macau, and Taiwan Invested: the economic type of an enterprise which is set up by the investors of Hong Kong, Macau and Taiwan who invest in mainland China in reference to the laws and regulation of the People's Republic of China concerning foreign economic relations, in the forms of joint venture companies, joint operation companies or companies of exclusive investment, including three modes, i.e. joint ventures, jointly operated enterprises, and enterprises with exclusive capital (of Hong Kong, Macau, Taiwan).

Other Types: the economic types of enterprises other than the above mentioned eight types.

41. International Travel Agencies

Referred to the travel agencies that liaise with foreign tour operators directly and receive foreigners, overseas Chinese, compatriots from Hong Kong, Macau and Taiwan who come to mainland China.

42. Domestic Travel Agencies

Referred to the travel agencies that handle domestic tourism.

43. Travel Coach and Cruise Companies

Referred to the companies managed by the tourism departments and used for carrying foreigners, overseas Chinese, and compatriots from Hong Kong, Macau and Taiwan Province.

44. Tourism Trading and Service Companies

Referred to the shops and service companies affiliated to tourism departments which provide materials to hotels and other enterprises and sell commodities to foreigners, overseas Chinese, and compatriots from Hong Kong, Macau and Taiwan Province.

45. Tourism Administrative Institutions

Referred to the tourism administrative offices in the governments of different levels, usually the tourism bureaux of different levels.

46. Tourism Colleges and Schools

Referred to tourism colleges, technical schools, professional schools, and vocational schools.

责任编辑:关家声　鲁英委

图书在版编目(CIP)数据

中国旅游统计年鉴　1999:汉英对照/中华人民共和国国家旅游局编.－北京:中国旅游出版社,1999.7

ISBN 7－5032－1636－0

Ⅰ.中…　Ⅱ.中…Ⅲ.旅游业－统计资料－中国－1999－年鉴
Ⅳ.F592－66

中国版本图书馆 CIP 数据核字(1999)第 34554 号

中国旅游统计年鉴:1999

*

中华人民共和国国家旅游局　编

中国旅游出版社出版

(北京建国门内大街甲九号　100005)

北京市平谷玉福印刷厂印刷

*

开本:787×1092 毫米　1/16　印张:11　字数:220 千

1999 年 7 月第一版　1999 年 7 月第一次印刷

印数:1－4800　　定价:40.00 元